本课题系湖南省社科基金一般项目"基于用途管
记与流转制度研究"（项目编号：15YBA260）研究成果之 ， 南师范大学政治学重点学科资助出版

宅基地置换补偿政策优化研究

——基于农户福利视角

成　程　著

知识产权出版社

全国百佳图书出版单位

图书在版编目（CIP）数据

宅基地置换补偿政策优化研究：基于农户福利视角／成程 著 .—北京：知识产权出版社，
2019.5

ISBN 978-7-5130-6200-8

Ⅰ . ①宅… Ⅱ . ①成… Ⅲ . ①农村住宅—住宅建设—补偿性财政政策—研究—中国
Ⅳ . ① F321.1

中国版本图书馆 CIP 数据核字（2019）第 067670 号

内容提要

本书在介绍各地宅基地置换补偿标准的基础上，梳理宅基地置换补偿政策的历史变迁
进程，分析宅基地置换补偿政策的现状；运用模糊评估法对置换前后农户福利进行评估，
从而间接评估宅基地置换补偿政策绩效，对影响因素进行初步分析；测算宅基地置换补偿
款货币数额，为宅基地置换补偿政策的优化设计提供直接具有可操作性的建议。

本书可作为研究农村土地问题的学者，以及从事农村征拆的工作人员的参考用书。

责任编辑：刘晓庆　　　　　　　　　　　　责任印制：孙婷婷

宅基地置换补偿政策优化研究——基于农户福利视角
ZHAIJIDI ZHIHUAN BUCHANG ZHENGCE YOUHUA YANJIU——JIYU NONGHU FULI SHIJIAO

成　程　著

出版发行：知识产权出版社 有限责任公司　　　网　　址：http：//www.ipph.cn

电　　话：010-82004826　　　　　　　　　　　　　　　http：//www.laichushu.com

社　　址：北京市海淀区气象路 50 号院　　　邮　　编：100081

责编电话：010-82000860 转 8073　　　　　责编邮箱：liuxiaoqing@cnipr.com

发行电话：010-82000860 转 8101　　　　　发行传真：010-82000893

印　　刷：北京九州迅驰传媒文化有限公司　　经　　销：各大网上书店、新华书店及相关专业书店

开　　本：787mm×1000mm　1/16　　　　印　　张：15.25

版　　次：2019 年 5 月第 1 版　　　　　　印　　次：2019 年 5 月第 1 次印刷

字　　数：197 千字　　　　　　　　　　　定　　价：58.00 元

ISBN 978-7-5130-6200-8

摘　要

　　宅基地置换是我国推行城乡建设用地增减挂钩的必经过程。2000 年，国务院提出要在全国发展小城镇，实施耕地占补平衡，这是宅基地置换的萌芽阶段。2005 年，国土资源部将包括江苏、浙江在内的 8 个省市列为城乡建设用地增减挂钩试点，宅基地置换正式拉开帷幕，至今已经在全国范围内得到了全面推广。较为典型的模式有天津的"宅基地换房"、嘉兴的"两分两换"、苏州的"三集中"、重庆的"地票交易"等。在宅基地置换广泛开展的同时，由于宅基地置换补偿政策不完善导致出现了一些农户权益损失问题，具体表现为个别影响社会稳定的事件发生。为了防止宅基地置换继续侵害农户权益，2011 年，我国最高人民法院颁布了《关于坚决防止土地征收房屋拆迁强制执行引发恶性事件的紧急通知》。随后，国土资源部办公厅也颁布了《关于切实做好征地拆迁管理工作的紧急通知》，中央政府采用颁发紧急政策的方法力图防止宅基地置换继续侵害农户权益，但当下由宅基地置换引发的农户权益受损问题仍然严峻。根据国家信访局的统计，2013 年，有 84.7% 的群体性上访事件是由安置补偿问题引发的。为了解决上述问题，国家将农户生活水平有所提升、长远生计有所保障设定为征地补偿等政策的首要目标，但在具体实施过程中，宅基地置换补偿政策是否达到了这一目标？即宅基地置换补偿政策的绩效如何？如何量化评估这一目标？影响政策绩效的因素有哪些？怎样优化宅基地置换补偿政策？这些问题是当前推进宅基地置换项目，保证和提高农户生活水平必须回答的。

为此，本书从能够衡量农户生活水平和长远生计，能够包含农户权益内涵的农户福利视角出发，主要开展了以下四个部分的研究：第一部分为基础研究部分，首先从研究背景中提炼出研究问题，然后综述国内外学者对此问题的研究状况，解析研究时所需使用的基础理论，梳理宅基地置换补偿政策的历史变迁进程，分析宅基地置换补偿政策的现状，通过上述提炼、综述、解析、梳理和分析，为开展本书奠定了基础；第二部分为主体研究部分，以对置换农户问卷调查获得的数据为基础，根据第一部分中的理论，运用模糊评估法对置换前后农户福利进行评估，从而间接评估宅基地置换补偿政策绩效，对影响因素进行初步分析；第三部分为关键研究部分，运用农户问卷调查与统计年鉴相关数据，以农户福利为标准测算宅基地置换补偿款货币数额，为宅基地置换补偿政策的优化设计提供直接具有操作性的建议；第四部分为结论部分，通过上述研究一方面获得了宅基地置换补偿政策的实质和正式问题，另一方面也获得了具体的解决方案，结合学者们提出的政策优化设计流程，设计宅基地置换补偿政策优化方案，力争为政策制定者提供具有较高价值、效果和可行性，具有较低风险的备选政策方案。上述研究能够为即将出台的关于集体土地置换与房屋拆迁补偿条例提供理论和现实参考，促进农户的可持续发展。

具体而言，第一部分包括文献综述、视角选择原因、理论基础、理论分析框架、基本概念界定、历史变迁梳理与政策现状分析这七个方面。第一方面，通过对宅基地置换背景的介绍，发现目前宅基地置换是发展城镇化的必经过程。由于宅基地市场化流转在短期内还无法实现，也就是说，宅基地置换作为城乡土地要素流动的主要方式，还将推行很长一段时间，因此，需要对宅基地置换补偿政策进行研究。第二方面，解析从农户福利视角研究宅基地置换补偿政策的原因，主要有四个：拆迁恶性事件发生的主要原因是宅基地置换补偿不到位、宅基地置换过程中农户经济利益受损严重、现行宅基地置换补偿政策以保持和提高农户福利水平为目标、福利经济学补偿理论要求对农户福利进行补偿，并且该补偿要至少能维持农户原有福利水平。第三方面，通过文献综述总结学者们在评估农户福利时运用的理论和方法，将较为成熟的可行能力福利理论及模糊评估法作为本书的基础理论和方法。同时，笔者通过综述发现目前研究仍存在以下不足：基于宅基地开展的农户福利研究较少，未对不同置换方式下的宅基地置换补偿政策绩效进行比较，尚未将能够代表农户长远生计的福利作为补偿标准测算宅基地置换补偿款数额，关于宅基地置换补偿政策的研究较少，缺乏典型地区的实证研究，故本书尝试在一定程度上弥补上述研究的不足。第四方面，解析开展研究所需使用的基础理论，它们分别是福利补偿理论、福利评估理论、政策评估理论及多源流政策制定理论。第五方面，依据上述理论，结合政策阶段过程构建宅基地置换补偿政策研究理论分析框架。第六方面，明确界定农户福利、宅基地置换、宅基地置换补偿、宅基地置换补偿政策这四个研究所需使用的关键概念，为后续研究奠定基础。第七方面，以农户福利为线索梳理宅基地置换补偿政策的历史变迁进程，从中总结变迁规律，运用多源流政策制定理论解释变迁原因，预测变迁方向；并依据现行258份与宅基地置换补偿相关的政策文本,分析宅基地置换补偿政策现状,发现存在问题。得到的结论：

从 1950 年发展至今，宅基地置换补偿政策的内容在不断扩充，并且逐渐注重对农户自由、权利和发展的补偿，但目前仍存在总体福利补偿不明确、保障福利补偿不充分体现、经济福利补偿不充分、产权置换补偿不符实的问题。根据多源流政策制定理论，预测即将在国家层面出台关于集体土地置换与房屋拆迁补偿的条例。

第二部分包括了宅基地置换补偿政策绩效评估和影响分析。通过对长江三角洲已经开展宅基地置换的 217 户农户进行问卷调查获得基础数据，根据可行能力福利理论构建农户福利评估指标体系，以此间接评估置换补偿政策绩效。第二部分首先分析了宅基地置换后农户的总体福利状况，然后又分析了宅基地置换后农户经济、居住、保障、环境和农户心理五个具体福利状况。评估结论是，从福利评估模糊值来看，宅基地置换补偿政策绩效一般，虽然总体上能够提高农户福利水平，但内部结构不合理。其具体表现为构成总体福利的五个要素中，主要是依靠居住福利的大幅度提升带动了总体福利的改善，而保障福利仅是略微上升，经济、环境和农户心理福利都有不同程度下降，其中心理福利的降幅最大。从各福利所占权重来看，在宅基地置换后，经济、环境和心理福利所占权重较大。这表明即使在经济发达地区，经济福利仍是影响农户福利水平的重要方面；同时，环境和心理福利也是影响农户总体福利水平的重要因素。然后，根据印度经济学家阿玛蒂亚·森的转换因素理论找出影响宅基地置换农户福利水平的因素，分别是以不同年龄和文化程度为代表的个人特征，以不同置换方式和地均（GDP）为代表的社会特征，据此将农户分成不同群组进行对比，分析不同群组间农户福利水平的差异，以此获得政策绩效的影响因素。分析结论是，农户年龄、文化程度、宅基地置换方式等对农户福利水平都有影响，即对政策绩效都有影响。其中，年龄处于

60 岁以上、文化程度在小学及以下的农户在宅基地置换后福利变化最为明显，他们的保障福利有较大升幅，但环境和心理福利却大幅度下降。另外，宅基地置换同时将承包地置换为社会保障的农户总体福利改善明显。这表明社会保障能够在一定程度上实现保障农户长远发展的政策目标。

　　第三部分包括宅基地置换补偿款的测算。以农户福利为宅基地置换补偿款的测算标准，通过对苏州市 359 户未置换农户，768 户城镇居民户的问卷调查，结合《中国统计年鉴》等获得基础数据，运用不同的测算方法测算得到以农户福利为标准需要的宅基地置换补偿款货币数额，并将之与苏州市现行补偿款货币数额进行比较。研究得到结论：一是，若要达到保证农户现有福利水平不变的政策目标，则需要将现行宅基地置换补偿标准提高 1.2 倍；若要达到提高农户福利水平，保障农户长远生计的政策目标，则需要将现行补偿标准提高 1.8 倍；二是，苏州现行补偿款与农户福利视角下补偿款的主要区别在于经济福利和保障福利补偿这两项，现行补偿政策给予经济和保障福利的补偿款远低于以农户福利为标准测算得到的补偿款；三是，苏州现行补偿政策对于心理福利的补偿存在目标异化问题，政府主要是通过给予先签协议置换搬迁的农户以奖励，以此对心理福利进行补偿，偏离了保持和提高农户福利水平的政策目标，需要纠正。

　　第四部分包括宅基地置换补偿政策优化设计，通过上述研究，第一，能够从中总结宅基地置换补偿政策存在的实质问题和正式问题；第二，能够从中找寻到具体的解决方案。上述研究还可以帮助我们根据政策优化设计流程，设计出以保证农户生活水平不变，长远生计有所保障为首要目标的宅基地置换补偿政策优化方案。具体政策建议：提高宅基地置换补偿整体标准、增加关于经济和保障福利的补偿内容、增设环境和心理福利补偿、特别关注年长和文化程度较低农户的福利水平、倡导承包地换社保的置换方式、加快出台国家层面的宅基地置换补偿政策文本以及引导农户参与宅基地置换决策。

最后，本书对上述方案进行了论证，基本通过了价值、效果、风险及可行性论证。其中，方案可行性分析中的子项目行政可行性略有欠缺。

目　录

第1章　绪　论……………………………………………………………1

　1.1　研究背景、研究意义与视角选择……………………………1

　　1.1.1　研究背景……………………………………………………1

　　1.1.2　研究意义……………………………………………………6

　　1.1.3　视角选择……………………………………………………7

　1.2　文献综述………………………………………………………14

　　1.2.1　与宅基地置换相关的城乡土地要素流动中农户福利研究……15

　　1.2.2　与宅基地置换相关的城乡土地要素流动中农户补偿研究……20

　　1.2.3　与宅基地置换相关的城乡土地要素流动中农户补偿

　　　　　政策研究………………………………………………29

　　1.2.4　简要述评……………………………………………………31

　1.3　理论基础与分析框架…………………………………………32

　　1.3.1　理论基础……………………………………………………33

　　1.3.2　理论分析框架………………………………………………43

　1.4　概念界定、研究目标与研究内容……………………………45

      1.4.1 概念界定 ………………………………………………… 45

      1.4.2 研究目标 ………………………………………………… 55

      1.4.3 研究内容 ………………………………………………… 56

  1.5 技术路线、研究方法与数据来源 ……………………………… 57

      1.5.1 技术路线 ………………………………………………… 57

      1.5.2 研究方法 ………………………………………………… 59

      1.5.3 数据来源 ………………………………………………… 61

  1.6 可能的创新与不足 …………………………………………… 61

      1.6.1 可能的创新 ……………………………………………… 61

      1.6.2 可能的不足 ……………………………………………… 63

  1.7 本章小结 ……………………………………………………… 64

第 2 章 宅基地置换补偿政策历史嬗变与现状分析 ………………… 66

  2.1 宅基地征收补偿政策历史嬗变 ……………………………… 67

      2.1.1 无条件补偿各种福利阶段（1950—1952 年）……… 67

      2.1.2 主要补偿居住福利阶段（1953—2000 年）………… 68

  2.2 宅基地置换补偿政策历史嬗变 ……………………………… 70

      2.2.1 主要补偿经济福利阶段（2001—2006 年）………… 70

      2.2.2 补偿多种福利阶段（2007 年至今）………………… 72

  2.3 宅基地置换补偿政策历史嬗变规律 ………………………… 74

      2.3.1 补偿内容不断扩充 ……………………………………… 74

      2.3.2 补偿思路趋向关注农户自由、权利和发展 ………… 75

  2.4 宅基地置换补偿政策历史嬗变原因与预测 ………………… 76

2.4.1　转折性、代表性宅基地置换补偿政策 ················76

2.4.2　政策变迁原因：问题、政策与政治三大源流的汇聚 ·······77

2.4.3　政策变迁预测：出台有关宅基地置换与房屋拆迁

补偿的政策 ·······································81

2.5　宅基地置换补偿政策现状分析：基于立法机关的政策文本 ·····84

2.5.1　补偿政策总体状况：缺乏针对性立法 ··············88

2.5.2　补偿原则现状：原则缺失 ·····················91

2.5.3　补偿依据现状：房地分离 ·····················92

2.5.4　补偿方式现状：因地制宜 ·····················94

2.5.5　补偿标准现状：标准不一 ·····················95

2.5.6　收益分配使用现状：缺少科学依据 ···············97

2.6　宅基地置换补偿政策存在的问题 ···················98

2.6.1　总体福利补偿依据不明确 ·····················98

2.6.2　保障补偿不完全，影响农户保障福利 ··············99

2.6.3　生产经营补偿不充分，影响农户经济福利 ···········99

2.6.4　产权补偿不符实，影响农户居住与经济福利 ·········100

2.7　本章小结 ································101

第3章　宅基地置换补偿政策绩效：农户福利模糊评估 ·········103

3.1　宅基地置换补偿政策首要目标：提高农户福利 ·········104

3.2　宅基地置换补偿政策绩效评估：农户福利评估 ·········106

3.2.1　宅基地置换农户福利评估理论分析 ···········106

3.2.2　宅基地置换农户福利评估方法介绍 ···········115

3.3 实证研究：长三角宅基地置换前后农户福利评估……………118

    3.3.1 问卷设计 …………………………………………118

    3.3.2 研究区域与数据来源 ……………………………120

    3.3.3 福利评估指标隶属度区间赋值 …………………126

    3.3.4 福利评估结果 ……………………………………127

3.4 宅基地置换补偿政策绩效评估结果分析……………………131

3.5 宅基地置换补偿政策绩效影响分析…………………………132

3.6 本章小结………………………………………………………135

第4章 宅基地置换补偿政策标准：农户福利精确量化 ………138

4.1 福利补偿理论分析……………………………………………140

    4.1.1 卡尔多福利补偿理论分析 ………………………140

    4.1.2 福利损失衡量方法 ………………………………142

4.2 农户宅基地置换福利损失构成及补偿思路…………………144

    4.2.1 房屋福利损失及补偿思路 ………………………145

    4.2.2 宅基地福利损失及补偿思路 ……………………146

4.3 农户宅基地置换福利损失补偿款测算方法…………………148

    4.3.1 居住福利损失补偿款测算方法 …………………148

    4.3.2 经济福利损失补偿款测算方法 …………………149

    4.3.3 保障福利损失补偿款测算方法 …………………151

    4.3.4 环境、心理福利损失补偿款测算方法 …………152

4.4 实证研究：苏州市农户福利视角下的宅基地置换补偿标准………153

    4.4.1 问卷设计 …………………………………………153

4.4.2 研究区域与样本选择 ·····················160

4.4.3 数据来源与补偿测算结果 ···············162

4.4.4 农户福利视角下的宅基地置换补偿标准与苏州现行

补偿标准比较 ·····························170

4.5 本章小结 ···172

第 5 章 农户福利视角下宅基地置换补偿政策优化设计 ·····174

5.1 宅基地置换补偿政策优化设计的经验借鉴 ·········174

5.1.1 增加股份分红，开设老年中心：昆山市的补偿经验 ·······174

5.1.2 分离生活生产用房，分离自住出租用房：义乌市的

补偿经验 ······························178

5.1.3 置换完全产权，开展网络监管：嘉定区的补偿经验 ···180

5.1.4 补偿经验总结 ····························182

5.2 宅基地置换补偿政策优化设计总体思路 ···········184

5.3 宅基地置换补偿政策实质与正式问题构建 ·········186

5.4 宅基地置换补偿政策优化设计原则与目标 ·········189

5.4.1 优化设计原则 ····························190

5.4.2 优化设计目标：继续坚持生活不降低，生计有保障 ···191

5.5 宅基地置换补偿政策优化设计方案 ···············192

5.5.1 优化设计方案的整体框架 ···············192

5.5.2 优化设计方案的具体措施 ···············193

5.6 宅基地置换补偿政策优化设计方案论证 ···········200

5.6.1 价值论证 ·······························200

5.6.2 效果论证 ·· 201

5.6.3 风险论证 ·· 201

5.6.4 可行性论证 ·· 202

5.7 本章小结 ·· 202

第6章 研究结论与展望 ·· 205

6.1 研究的基本结论 ·· 206

6.1.1 宅基地置换补偿政策的实质和正式问题是农户福利
补偿问题 ·· 206

6.1.2 现有宅基地置换补偿政策未能完全体现农户福利补偿 ······ 206

6.1.3 农户福利视角下宅基地置换补偿政策绩效一般、
结构不合理 ·· 207

6.1.4 农户个人特征、置换方式等对宅基地置换补偿政策
绩效有影响 ·· 207

6.1.5 宅基地置换补偿标准需进一步提高、内部结构需
进一步优化 ·· 208

6.1.6 宅基地置换补偿政策继续坚持以保持和提升农户
福利为首要目标 ·· 208

6.2 研究的进一步展望 ·· 209

6.2.1 宅基地置换补偿政策绩效影响分析方法的完善 ············ 209

6.2.2 宅基地置换补偿款分配使用方式研究 ···················· 209

6.2.3 从其他视角对宅基地置换补偿政策进行研究 ·············· 210

参考文献 ·· 211

第1章 绪 论

1.1 研究背景、研究意义与视角选择

1.1.1 研究背景

宅基地被认为是农民的安身立命之本，体现了农民最基本的生存权，不仅能够保证社会公平，还能够确保农民不因贫穷而流离失所❶，起到社会稳定剂的作用。依托于宅基地而存在的村庄是中国乡村社会的基本单位，承载着乡村文明等一些基本功能。正如费孝通所说，我国农民依村庄而居是因为村庄所承载的能够为他们提供水利、安全及防卫等功能。他还认为村庄能够解决国家和家庭都难以解决的公共事务。❷由此可见，宅基地之于农民的重要性。

然而，随着我国城镇化、工业化的快速发展，2012年，我国城镇化率为52.57%❸，已经达到世界平均水平。2013年，"十八大"提出要推动新型城镇

---

❶ 孟勤国. 物权法开禁农村宅基地交易之辩 [J]. 法学评论，2005（4）：25–30.

❷ 费孝通. 乡土中国生育制度 [M]. 北京：北京大学出版社，1998：9.

❸ 贾立政，陈阳波，魏爱云，等. 顶级专家辨析，新型城镇化六个核心问题 [J]. 人民论坛，2013（4）：12–13.

化建设，进一步提高我国的城镇化水平。宅基地置换顺应了这一发展形势，逐渐成为城市建设用地增长的主要源泉。这主要是因为耕地保护、粮食安全形势依然严峻，仅仅依靠农地转用来增加城市建设用地十分困难。根据 2011 年全国土地变更调查数据显示，截至 2011 年年底，全国耕地保有量为 18.2476 亿亩❶，接近 18 亿亩耕地红线。特别是沿海各省市，其 2010 年的城市建设用地占用耕地指标早在 2001 年已经用完。❷ 与此相反，农村宅基地超标和闲置现象却十分严重。2010 年，我国农村居民点用地是城市和建制镇用地 4 倍多，户均超过 667 平方米，人均超过 190 平方米。❸ 2012 年，全国约有 1200 万宗、约 2000~3000 万亩的宅基地处于闲置状态。❹ 因此，城市土地短缺和大量农村宅基地闲置、超标这一矛盾，使农村宅基地流转成为发展城镇化，保护耕地的关键。但在现有耕地总量动态平衡、城乡建设用地增减挂钩等政策引导下，只有政府主导的宅基地置换才是唯一合法的宅基地城市流转途径。因为《中华人民共和国土地管理法》（以下简称《土地管理法》）第 8 条规定 "城市市区的土地属于国家所有"。第 43 条规定 "任何单位和个人进行建设，需要使用土地的，必须依法申请使用国有土地"。这两条规定说明，唯有将集体建设用地转为国有土地后才能合法进入市场流转❺，即使广东省 "十二五" 规划中允许转户农民自愿出让宅基地，也仅限于宅基地参与旅游开发，严格禁止商品性房地产项目建设。

❶ 毛志红，杨磊. 2012 耕地保护亮点纷呈 [EB/OL].（2013–01–15）[2018.02–05]. http : //www.mlr.gov. cn/xwdt/jrxw/201301/t20130118_1176508.htm.
❷ 王振波，方创琳，王婧. 城乡建设用地增减挂钩政策观察与思考 [J]. 中国人口·资源与环境，2012, 22（1）：96–102.
❸ 李裕瑞，刘彦随，龙花楼. 中国农村人口与农村居民点用地的时空变化 [J]. 自然资源学报，2010, 25（10）：1629–1638.
❹ 黄忠华，杜雪君，虞晓芬. 中国宅基地流转研究综述 [J]. 中国房地产，2012（10）：67–72.
❺ 周其仁. "政府主导的中国城镇化" 呼之欲出 [J]. 农村工作通讯，2013（2）：30.

在上述政策约束下，宅基地置换是目前顺应现实需求的、最为普遍的宅基地城市流转方式，也是解决目前农户建房审批困难的有效途径。目前，已有 27 个省（市、区）开展了试点工作，如天津华明镇的"宅基地换房"、江苏苏州的"三置换"、浙江嘉兴的"两分两换"、成都温江的"双放弃"及重庆的"地票交易"等，都是宅基地置换的地方实践。相关研究表明，在以上海、江苏和浙江地区为代表的长江三角洲地区，通过开展宅基地置换能够节约 50% 以上的城镇建设用地。❶

在农村宅基地置换过程中，由于政府的双重角色——政府在农村宅基地市场中是垄断需求者，在城市土地市场中是垄断供给者，引发了一系列亟须解决的问题，尤为突出的是作为弱势群体的农民权益问题。在各地广泛开展的宅基地置换、村庄整理、拆村并居、新农村建设中，农民"被上楼""钉子户""豪赌返贫"等事件屡见报端。中国社会科学院发布的《2013 年社会蓝皮书》指出，近年来，每年因各种社会矛盾而发生的群体性事件多达数万起甚至十余万起。其中，由征地拆迁引发的群体性事件占了一半左右。❷ 如山东诸城在开展宅基地置换过程中，一共涉及 1249 个行政村的 70 万农民，不断有农民上访；江苏邳州在村庄整体拆迁过程中，强制农民上楼，引发严重冲突。这种由政府主导的运动式宅基地置换而产生的社会矛盾和社会问题不容小视。为此，刘守英、章波、诸培新、徐祖林、贾莉等学者提出要放开对宅基地自由流转的限制，

❶ 谷晓坤，陈百明，代兵. 经济发达区农村居民点整理驱动力与模式——以浙江省嵊州市为例 [J]. 自然资源学报，2007，22（5）：701–708.

❷ 陆学艺，李培林，陈光金. 2013 年中国社会形势分析与预测 [M]. 北京：社会科学文献出版社，2012：22–23.

允许宅基地直接入市流转。❶❷❸❹❺ 但也有学者对此持反对意见，认为宅基地置换更有利于维护农户权益。如孟勤国认为，开禁或变相开禁农村宅基地交易是强势群体的利益诉求，不具有正当性和公平性，政府引导宅基地置换才是保证公平的有效途径；❻ 刘婷认为，宅基地置换能够产生农户在现行宅基地制度安排下无法获得的外部利润；❼ 程世勇认为，从短期制度分析的视角来看，农村宅基地置换不仅可以在一定程度上规避市场失灵，提高城乡土地资源的配置效率，而且能显著增进农民的福利；❽ 周婧通过实证研究，得到结论为农户普遍倾向"以房换房""以房换钱"的宅基地置换方式，而愿意以出售、抵押、出租等方式流转的较少。❾ 从学者们的争论可以看出，宅基地自由流转还未正式实施，尚处于学者探索研究阶段，因此目前研究如何完善宅基地置换补偿政策具有现实意义。此外，根据威廉姆森划分的社会科学研究四个层次，处于第二层次的

---

❶ 章波，唐健，黄贤金，等. 经济发达地区农村宅基地流转问题研究——以北京市郊区为例 [J]. 中国土地科学，2006，20（1）：34–38.

❷ 诸培新，曲福田，孙卫东. 农村宅基地使用权流转的公平与效率分析 [J]. 中国土地科学，2009，23（5）：26–29.

❸ 徐祖林，左平良. 自由市场及对自由市场限制的法哲学分析——从农村房屋及宅基地使用权流转问题说起 [J]. 湖南社会科学，2006（5）：79–82.

❹ 贾莉，闫小培. 从城乡统筹的视角看农村宅基地的流转 [J]. 调研世界，2008（8）：10–12.

❺ 刘守英. 中国的二元土地权利制度与土地市场残缺——对现行政策、法律与地方创新的回顾与评论 [J]. 经济研究参考，2008（31）：2–12.

❻ 孟勤国. 物权法开禁农村宅基地交易之辩 [J]. 法学评论，2005（4）：25–30.

❼ 刘亭，庞亚君，赖华东，等. 农村宅基地置换问题探讨——以义乌、松阳为例 [J]. 浙江社会科学，2009（10）：119–122.

❽ 程世勇，江永基. 农村宅基地流转中的市场失灵和政府行为 [J]. 农村经济，2010（6）：9–12.

❾ 周婧，杨庆媛，张蔚，等. 贫困山区不同类型农户对宅基地流转的认知与响应——基于重庆市云阳县 568 户农户调查 [J]. 中国土地科学，2010，24（9）：11–17.

政策环境一般需要经历 10~100 年的时间才会发生变化。❶ 这也可从中共中央、国务院印发的《关于加大改革创新力度加快农业现代化建设的若干意见》（以下简称"一号文件"）看出，一号文件规定"农村集体非经营性建设用地不得进入市场"。由上述分析可知，与宅基地相关的政策文件继续限制农村宅基地自由流转，因此在短期内无法改变政府主导型宅基地置换的情况。目前，最需要解决的是如何保障现有最普遍、最合法的宅基地流转方式——宅基地置换下的农民权益。

　　为此，学术研究和政策实践都对保障置换农户权益提出了多项建议。在理论方面，学者们主要从农民意愿、农民产权认知等方面提出了保障宅基地置换中农民权益的建议，但研究结论基本都是要求政府提高拆迁补偿标准，而未提出具体提高措施。如韩俊等认为，在征地拆迁过程中，由于地方政府补偿标准太低、补偿方法偏离市场经济规律，导致了农民权益损失，保障农民权益需要提高补偿标准。❷❸ 上述建议不仅强调经济补偿，忽视了宅基地也是乡村文明、村落文化、归根情愫的载体。❹ 农民虽然可以通过外出务工而在城镇就业，但大部分依然不能在城镇定居❺，需要宅基地作为最基本的住房保障。除此之外，由于宅基地"无偿、无期限、无自由流转"制度，也赋予了宅基地除了财产性质以外的保障性质，所以仅从经济方面对农民进行补偿不足以弥补农民的损失。那么，如何来全面衡量宅基地置换下的农民权益？根据阿玛蒂亚·森的观点，

❶　Oliver E. Williamson. The New Institutional Economics : Taking Stock, Looking Ahead [J]. Journal of Economic Literature, 2000, 38（3）: 595.

❷　陈锡文. 有必要大幅度提高农民在土地增值收益中的分配比例 [J]. 农村工作通讯, 2012（17）: 34.

❸　韩俊. 中国农村土地问题调查 [M]. 上海：上海远东出版社, 2009 : 125.

❹　张孝德. 中国的城市化不能以终结乡村文明为代价 [J]. 行政管理改革, 2012（9）: 9–14.

❺　张秀智, 丁锐. 经济欠发达与偏远农村地区宅基地退出机制分析：案例研究 [J]. 中国农村观察, 2009（6）: 23–30, 94.

福利能够全面反映一个人的状况 ❶，因此用能够反映农民经济、心理、环境、居住等方面情况的农民福利来全方面衡量农民权益。

在政策方面，"十二五"规划提出"充分尊重农民在进城或留乡问题上的自主选择权，切实保护农民承包地、宅基地等合法权益"；党的"十八大"报告提出"改革征地制度，提高农民在土地增值收益中的分配比例"；2013 年"中央一号文件"又规定"改革和完善农村宅基地制度，加强管理，依法保障农户宅基地使用权"。虽然这些政策都强调尊重宅基地置换中农民的意愿，限制政府权力，但却没有提出提高农民福利的切实可行办法。

由上述分析可知，宅基地置换中的农民权益保护问题突出，农民福利能够全面衡量农民权益，因此从农户福利视角来研究宅基地置换补偿政策是顺应实践要求的。这一研究需要解决以下问题：宅基地置换中农民福利有哪些要素构成？现行宅基地"无偿、无期限、无流转"的福利性质能否真正给农民带来福利？宅基地置换补偿政策是否达到了提高了农民福利水平的政策目标？在宅基地置换中，哪些因素对农民的福利水平产生影响？不同地区、不同置换方式下农民福利是否有所差别？该如何制定宅基地置换补偿政策，才能最大限度地提高农民福利？

1.1.2 研究意义

依据科学发展观中统筹城乡发展的要求，在城镇化进程中要做到城市"反哺"农村，工业"反哺"农业，城乡协调发展。依据包容性发展的要求，经济增长的同时要保证社会和人的共同发展。由此可知，农民的发展是我国城镇化进程和经济发展的共同目标，与农民生产生活直接相关的宅基地置换作为我国城镇化和经济发展

---

❶ 阿玛蒂亚·森. 以自由看待发展 [M]. 于真，任赜，译. 北京：中国人民大学出版社，2002：59.

过程的重要内容，自然也应以此为目标与趋势，将是否改善农民福利作为检验置换成功与否的重要标准。宅基地置换补偿政策是宅基地置换项目达到上述目标的工具，该工具是否真正发挥了作用？倘若没有发挥作用，是受到了什么因素的影响？如何来优化？回答上述问题，需要从保障农民福利的视角来研究宅基地置换补偿政策，通过研究为政策制定提供理论和实践依据。因此，本书对宅基地置换补偿政策制定应该依据什么理论，实践操作应该如何开展具有一定参考意义。

在理论方面，本书以福利经济学补偿理论为思路，结合阿玛蒂亚·森（简称森）的福利概念（可行能力福利概念）开展研究，将原本具有分歧但不冲突的两种理论结合起来，对理论融合具有一定的意义。除此之外，本书以农户福利为标准对政策绩效进行评估，探索公共政策优化设计的福利经济学依据，在回溯性政策分析框架的基础上，构建了宅基地置换补偿政策研究的理论分析框架，能够为类似政策绩效评估提供借鉴，有助于开展后续研究。

在实践方面，在进行典型地区实证调研的基础上，依据森的可行能力理论评估宅基地置换后农户福利状况，从而间接评估宅基地置换补偿政策的绩效，为政府制定宅基地置换补偿政策提供借鉴。同时，比较不同个人和社会特征下，宅基地置换前后的福利变化，初步探寻影响置换农户福利的因素，并测算出宅基地置换中农户福利损失的具体价格，虽不一定精确，但对制定可操作的宅基地置换补偿政策具有现实意义，能够为即将出台的集体土地置换与房屋拆迁补偿条例提供参考。

1.1.3 视角选择

美国本土文化研究者，也是批判主义的两位代表学者贝斯特和凯尔纳在《后现代理论：批判性的质疑》一书中提出了研究视角选择的重要性。❶ 他们认为从不同视角研究同一问题，运用的研究方法、研究理论、价值取向等都有所不同，作为一名研究者几乎不可能在同一时间、同一项研究中完成所有视角的探索。这是因为人的精力和注意力都是有限和不完全的，研究者代表的立场和利益也是特定的，所以研究者需要做的是在研究过程中不断丰富研究视角，而非在一项研究中完成所有视角的工作。既然一项研究几乎不可能涵盖所有视角，那么作为解释现象和研究问题切入点的研究视角选择就显得非常重要。按照主要矛盾和次要矛盾这一哲学观点，主要矛盾在众多矛盾中处于支配地位，起着主导和决定作用，故一项研究通常需要关注问题的是主要矛盾。将此运用到研究中就意味着研究要从某一问题最为严重的部分开始，随着问题的不断解决，研究视角也需要不断地变化。本书选择农户福利作为宅基地置换补偿政策研究的视角，主要是基于以下四个方面的考虑。

1. 发生拆迁恶性事件背后的缘起：农户福利受损

宅基地置换是国家为了发展城镇化，改善农户生活而采取的城乡一体化措施，宅基地置换避免不了需要进行宅基地复垦整理和农村房屋拆迁。提及拆迁，或许联想最多的是诸如集体上访等群体事件，这使"拆迁"由一个中性词演化成了一个带有贬义色彩的词。在百度新闻搜索中输入"拆迁"二字，多数新闻标题含有拆迁维权、拆迁大战等词，在中国知网文献数据库中将"农户"和"权益"作为主题词进行检索，检索结果发现文献数量最多的是有关新农村建设、宅基地置换、城镇化等失地农户权益保护的学术文章，文章分别从政治、经济、

---

❶ 贝斯特，凯尔纳. 后现代理论：批判性的质疑 [M]. 张志斌，译. 北京：中央编译出版社，2004：339–340.

文化和社会等多个角度，提出了维护失宅或者失地农户权益的建议。由此可见，拆迁已经成为威胁农户权益的主要原因。农户权益指的是农户所拥有的权利和收益，拆迁中的农户权益是指农户对宅基地的使用权和收益权，然而权益并未能概括农户因失去宅基地及房屋而失去的发展权内容，故从农户权益视角开展宅基地置换补偿政策研究有所片面，倘若对农户权益进行补偿并不能有效补偿农户的所有损失。

福利这一概念虽然至今在不同学者之间仍存在争议，但并不妨碍人们将其视为最终追求目标。福利不仅能够涵盖包括农户对宅基地的使用权、收益权、发展权等内容，而且也能够涵盖农户对房屋的所有权内容。福利是比权益更宽泛的概念。同时，在转型期的中国，一定程度上农户"理性经济人"的基本假设是成立的。❶ 根据该假设，农户在进行经济行为决策时会根据理性选择理论，尽量选择最有利于自身福利的行为。只有当自身福利受损时，农户才会做出极端行为。由此可见，农户在宅基地置换时做出反抗的主要原因是置换损害了农户福利。基于上述现实和理论，拆迁等恶性事件发生的主要原因是农户福利受损，故本书将农户福利作为研究视角。

2. 宅基地置换补偿政策的核心旨意：保持和提升农户福利

美国著名政策分析家奎德认为政策目标是既定的，政策制定者在制定政策时对自己所希望达到的政策目标是清楚的。❷ 但是这一观点并未受到国内政策分析学者的认可。陈振明等认为，在大多数情况下，政策制定者并不十分确定

---

❶　王春超 . 转型时期中国农户经济决策行为研究中的基本理论假设 [J]. 经济学家，2011（1）：57-62.

❷　Edward S. Quade，Grace M. Carter. Analysis for public decisions[M]. New Jersey：Prentice Hall，1989：32-33.

政策目标是什么，因为政策目标之间存在彼此冲突和不可协调的关系。如果经济增长与公平分配之间在一定程度上无法同时达到，而且政策目标会依据客观环境的不同而不同，就不能将政策目标看做是既定的、现成的东西。在进行政策分析时，政策分析者需要辨识清楚在不同政治、经济环境下政策的最主要目标是什么。

宅基地置换补偿政策作为一项准经济政策，如何辨识其政策目标？陈振明在《公共该政策分析教程》中提出，要从效率和公平这两个方面来辨识经济政策的目标，本书据此归纳宅基地置换补偿政策的目标。首先，从效率目标来看，一般效率目标以帕累托最优为标准。也就是说，政策要使资源配置在提高一部分人福利水平的同时，不会损害任何一个人的福利水平。由此可知，保持农户福利水平是宅基地置换补偿政策的效率目标。其次，从公平目标来看，一般认为公平是比效率更受公众关注的政策目标，宅基地置换补偿政策要实现公平目标，就需要保持和提升作为弱势群体农户的福利水平。综上分析，保持和提升农户福利水平作为政策目标能够充分体现效率和公平的统一。

除此之外，在有关宅基地置换补偿的政策文本中，多次提及要保证农户置换后生活水平有所提高，长远生计有所保障，如 2004 年修正的《中华人民共和国土地管理法》第 47 条规定要使安置农民保持原有生活水平；2004 年，《国务院关于深化改革严格土地管理的决定》再次明确，使被征地农民生活水平不因征地而降低，使被征地农民的长远生计有保障；2010 年，国务院颁布的《关于严格规范城乡建设用地增减挂钩试点切实做好农村土地整治工作的通知》中规定各地在进行宅基地置换时，严禁盲目大拆大建和强迫农民住高楼，严禁侵害农民权益；2013 年，由江苏省人民政府颁布实施的《江苏省征地补偿和被征地农民社会保障办法》中第一条明确提出征地等补偿政策要以维护被征地农民和农村集体经济组织的合法权益，保障被征地农民的生活和长远生计为目标；2014 年的中央一号文件在深化土地制度改革中提出，要因地制宜采取留地安置、补偿等多种方式，确保被征地农民长期受益。这些政策文本表明补偿政策的主要目标是在至少保持农户生活水平不变的基础上，为农户创造更多长远发展的机会。这一目标恰好与福利的内涵相符，福利的内涵既包括了现状考察，也涵盖了未来发展，故从农户福利视角研究宅基地置换补偿政策符合政策的核心旨意。

3. 福利经济学的理论阐释：至少保持农户福利不变

福利经济学创始之初属于经济学的一个分支，经过后来学者们的不断扩充，目前已经融合了政治学、社会学和哲学等多个学科领域。福利经济学以是否改善社会福利作为资源配置效率的衡量标准，追求的最终目标是提高人们福利水平，该标准将效率和公平这一对看似矛盾的政策目标融合了起来。福利经济学中的福利补偿理论认为，衡量一项政策变革是否有效的标准是政策变革受损者福利是否得到了充分补偿。此处"充分"是指至少保持受损者原有福利水平不变，并且福利经济学提供了不同量化福利水平的理论和方法。在宅基地置换中，农户是最主要的福利受损者，因此，至少保持置换农户原有福利水平不变，是衡量宅基地置换补偿政策是否有效的福利经济学理论标准。从农户福利视角研究宅基地置换补偿政策，不仅能够方便量化政策目标，还符合福利经济学的理论阐释。

4. 宅基地置换的现实所迫：政府垄断使农户经济福利受损严重

分析宅基地置换中农户的经济福利，先要明确在宅基地置换中有哪些市场，以及政府在不同市场中扮演的是什么角色。政府在进行宅基地置换时，依据土地利用总体规划设定拆旧区和建新区，在拆旧区形成了农村土地租赁市场，在建新区形成了农村土地征收市场和租赁市场，如图 1.1 所示。

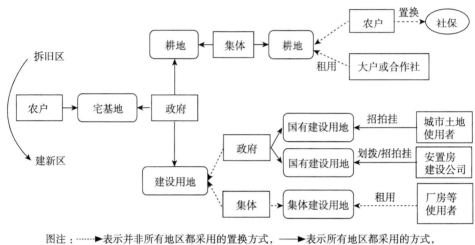

图注：┈┈▶表示并非所有地区都采用的置换方式，──▶表示所有地区都采用的方式，
▢ 表示行为主体，▭ 表示土地类型

图 1.1　宅基地复垦与置换过程

在拆旧区，政府将宅基地复垦为耕地，复垦的耕地与原有耕地（有些地区由于耕地早已被全部征收，故不存在原有耕地）形成连片、有利于机械化的耕地，并将耕地归还给集体经济组织。集体经济组织通过重新确权发证等方式再将耕地的承包经营权归还农户。这一方面鼓励农户将承包经营权出租给种植大户或者合作社，从而获取租金收益；另一方面也鼓励农户将承包经营权退还给集体经济组织，从而换取社会保障。

在建新区，政府按照拆旧区节约的大部分建设用地指标（有些地区是全部）进行征地。通过这一过程，土地性质发生了变化，集体建设用地转变为国有建设用地。其中，用于工商业开发的采用招拍挂方式出让给城市土地使用者，用于建设安置小区的采用划拨或者招拍挂方式给予安置房建设公司。❶另外，有些地区将拆旧区节约的小部分建设用地指标留给集体经济组织，建设用地性质不变，由集体经济组织进行开发经营，主要是建造厂房，通过厂房出租获取的租金收益以股份分红方式返还给农户。

根据耕地占补平衡原则，农户原有耕地数量保持不变，只是位置发生了改变（实质上属于农地置换，非本书考察的内容，故不作分析）。农户获得的宅基地置换补偿来自于建新区的建设用地流转收益，但从流转过程来看，农户并未直接与用地者进行交易，而是分别由政府和集体经济组织与用地者进行交易，获得的收益再由他们补偿分配给农户。由于缺乏监督，置换补偿款的截留挪用问题严重。

建新区主要形成了集体建设用地征收市场，有些地区形成了小规模的集体建设用地流转市场。在我国，只有通过政府征收才能实现建设用地城乡流转。在征收市场中，地方政府是唯一的需求者，拥有超出买方垄断的权利，不仅可以确定征收补偿价格，还可以根据建设用地周转指标确定征收数量。政府将征收后的建设用地在城市土地一级市场上进行交易。此时，政府又是唯一的供应者，由于存在土地出让金收益，因此政府总是希望能够以更低的补偿价格置换更多的宅基地，从而有更多土地可供出让。

为了简化分析，此处暂不考虑农户的其他福利，仅分析农户经济福利，用消费者剩余来衡量。从图 1.2 中可以看出（此图受到谭荣研究农地非农化中农民福利的启发❷），在自由竞争市场下，宅基地置换的供给和需求曲线分别为 S 和 D，于 E 点处达到均衡，但由于政府的垄断，故给予置换农户的补偿为 P'，

---

❶ 划拨是指政府直接将国有土地使用权分配给特定的单位使用，不需要缴纳土地出让金。

❷ Rong Tan, Futian Qu, Nico Heerink, et al. Rural to urban land conversion in China — How large is the over-conversion and what are its welfare implications?[J]. China Economic Review, 2011, 22（4）: 474–484.

又由于政府希望得到更多土地出让金，故将置换的宅基地数量定为 Q'。对于农户来说，其经济福利损失为（$P'CO–ABC$）– $P*EO = –P*EABP'$，农户的经济福利很大一部分转移给了政府，同时社会经济福利净损失为 AED。从上述分析可知，在宅基地置换中，农户的经济福利受损最为严重，故要从农户福利视角研究宅基地置换补偿政策。

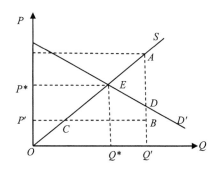

图 1.2　置换补偿价格与置换数量对农户经济福利的影响

1.2　文献综述

在城乡建设用地增减挂钩政策带动下，宅基地置换已在全国范围广泛开展。作为一种城乡土地要素流动的新模式，其对农户福利水平的影响与传统征地模式有何不同？如何才能做到在推动城镇化发展的同时达到以城带乡、城市"反哺"农村的目的？如何补偿才能使农户的长远生计有保障？这些都是政策制定者们共同关注的问题。学者们从不同角度对上述问题进行了研究，通过对以往学者研究相似问题时运用的理论、方法和成果的归纳总结，借鉴其有益部分，笔者发现其不足之处，为本书的开展提供帮助和奠定基础。

1.2.1 与宅基地置换相关的城乡土地要素流动中农户福利研究

1. 基于可行能力理论的农户福利研究

国内关于失地或者失宅农户福利的研究自学者高进云开始，其根据森的福利理论，运用模糊评价法对农地城市流转前后农户福利变化进行了研究。[1]之后，大批学者运用该理论和方法对土地征收、土地换社保、集中居住等与城乡土地要素流转相关问题中的农户福利变化进行了研究。其中，通过对农户福利评估，认为农户总体福利水平上升的观点有，袁方和蔡银莺以武汉市近郊被征地农户为研究对象而得到的结论[2]，尹奇、马璐璐等以成都市失地农户为研究对象而得到的结论[3]，徐烽烽、李放等以苏南土地换社保农户为研究对象而得到的结论。[4]而通过对农户福利评估，认为农户总体福利水平下降的观点有，高进云、乔荣锋等以武汉市农地城市流转前后农户为研究对象而得到的结论[5]，苑韶峰、杨丽

❶ 高进云,乔荣锋,张安录.农地城市流转前后农户福利变化的模糊评价——基于森的可行能力理论 [J].管理世界，2007（6）：45–55.

❷ 袁方，蔡银莺.城市近郊被征地农民的福利变化测度——以武汉市江夏区五里界镇为实证 [J].资源科学，2012, 34（3）：449–458.

❸ 尹奇，马璐璐，王庆日.基于森的功能和能力福利理论的失地农民福利水平评价 [J].中国土地科学，2010, 24（7）：41–46.

❹ 徐烽烽，李放，唐焱.苏南农户土地承包经营权置换城镇社会保障前后福利变化的模糊评价——基于森的可行能力视角 [J].中国农村经济，2010（8）：67–79.

❺ 高进云,乔荣锋,张安录.农地城市流转前后农户福利变化的模糊评价——基于森的可行能力理论 [J].管理世界，2007（6）：45–55.

霞等以浙江慈溪市失地农户为研究对象而得到的结论 ❶，贺丹，陈银蓉等以水库移民安置区中的农户为研究对象而得到的结论。❷ 由此可见，根据森的福利理论及模糊评价法评估农户福利已经得到了学者们的认可，并且通过学者们的研究结论可以发现，在不同的城乡和地区，土地要素流动方式及农户前后的福利变化也有所不同。

在运用上述理论和方法的基础上，有学者做了进一步拓展。王伟、马超以无锡宜兴市和苏州太仓市为例，在对这两个地区失地农户福利模糊评估的基础上，运用倍差法分析不同土地置换模式对农户福利的影响。研究结论认为，总体来说，失地后农户的福利状况较差；但从长期来看，土地换社保模式比土地换货币模式在提高农户福利方面表现得更好。❸ 马贤磊，孙晓中以江苏省高淳县和盱眙县的集中居住农户为研究对象，在评估他们福利水平的基础上进行了区域比较，结论认为经济欠发达地区通过集中居住对农户福利水平的改善情况优于经济发达地区。❹

上述研究为本书奠定了理论和方法论基础，但也存在以下几点不足：一是，在失地农户界定方面有所偏差。由于目前存在失去宅基地但不失去承包地的情况，这两种情况下农户福利水平有所不同。而上述研究并未严格区分，一般都默认为两者同时失去，容易影响评估结果的真实性。二是，错误界定一次性货

❶ 苑韶峰，杨丽霞，王庆日 . 慈溪市四镇农地转用过程中农户福利变化的定量测度 [J]. 中国土地科学，2012，26（10）：82–90.
❷ 贺丹，陈银蓉 . 水库安置区居民土地流转前后福利变化模糊评价 [J]. 中国人口・资源与环境，2012，22（11）：116–123.
❸ 王伟，马超 . 基于可行能力理论的失地农民福利水平研究——以江苏省宜兴市和太仓市为例 [J]. 农业技术经济，2013（6）：20–31.
❹ 马贤磊，孙晓中 . 不同经济发展水平下农民集中居住后的福利变化研究——基于江苏省高淳县和盱眙县的比较分析 [J].南京农业大学学报（社会科学版），2012，12（2）：8–15.

币补偿模式和土地换社保模式，并进行比较。自 2007 年劳动和社会保障部连同国土资源部共同颁布实施《关于切实做好被征地农户社会保障工作有关问题的通知》以后，各地都相继出台了关于征收补偿和被征地农户社会保障的文件，强制要求各级政府将征地安置补偿费或者土地出让、出租收入等用于农户社会保障。因此，事实上，2008 年以后就不存在农户将承包地换一次性货币补偿的情况了。一次性货币补偿模式针对的是宅基地而非承包地，而土地换社保模式针对的是承包地非宅基地，两者并不是对等模式。三是，上述研究对农户福利进行模糊评估后，并未深入分析导致农户福利水平变化的原因。这种分析只是为政策制定者提出了问题，并未提供解决思路。政策建议若不细化、不具有可操作性，就很难以正式出台。

由于国外土地市场较为发达，所以关于城乡土地要素流动中农户福利的研究较少，他们将森的福利理论结合计量经济学方法，主要用于研究土地用途管制下的农户福利。弗雷德里科·菲南等将森的理论用于分析墨西哥农村土地用途管制对农户福利的影响，结论认为在墨西哥农村，土地具有减贫作用，拥有土地能够提高农户的福利水平。❶ 弗里托·多利斯卡分析了在不同土地政策工具下的农户福利状况，结论发现对耕地保护使用"参与式""罚款扣税""命令和控制"这些政策工具都会使农户福利下降。❷ 格伦妮丝·塔贝莎·马克通过对新西兰毛利族原住民福利的分析发现，土地对他们健康的影响显著。❸ 斯坦·霍

---

❶ Frederico Finan，Elisabeth Sadoulet，Alain De janvry.Measuring the Poverty Reduction Potential of Land in Rural Mexico[J]. Journal of Development Economics，2005，77（1）：27–51.

❷ Frito Dolisca，Joshua M Mcdaniel，Dennis A Shannon，et al. Modeling farm households for estimating the efficiency of policy instruments on sustainable land use in Haiti[J]. Land Use Policy，2009，26（1）：130–138.

❸ Glenis Tabetha Mark，Antonia C Lyons. Maori healers' views on wellbeing：The importance of mind，body，spirit，family and land[J]. Social Science & Medicine，2010，70（11）：1756–1764.

顿以埃塞俄比亚的农户为例，研究发现土地的退化会降低农户家庭的福利水平。❶ 丽莎玛丽·鲁迪通过对柬埔寨政府强拆行为对农户福利的影响分析，得到结论政府的拆迁行为会造成农户的贫困和社会的不稳定的结论。❷ 从国外学者的研究结论中发现，普遍的实证结果都认为拥有土地能够提高农户福利水平，而宅基地征收等行为会降低农户福利水平。

2. 基于其他理论的农户福利研究

国内学者们在评估城乡土地要素流动中农户福利时所用的理论，除了上面综述的可行能力福利理论外，更多的是古典经济学中的消费者剩余理论。在此理论指导下的分析方法较为多样，包括计量经济学模型和经济学理论模型分析等。林乐芬、金媛通过估计土地流转中的供需曲线，用消费者剩余来测量福利，结论认为土地股份分红这种土地流转方式能够提高农户福利水平。❸ 李庆海、李锐等运用 Biprobit 和多重内生处理效应模型测算了土地租赁对农户福利的影响，结论认为土地租赁能够提高农户福利水平。❹ 谭荣、曲福田等运用联立方程模型方法估算农地城市化过程中的供需曲线，并将政府作为垄断者这一因素考虑进去，结论认为在农地城市化过程中，农户福利损失最大，其福利转移给

❶ Stein Holden, Bekele Shiferaw, John Pender. Non-farm income, household welfare, and sustainable land management in a less-favoured area in the Ethiopian highlands[J]. Food Policy, 2004, 29（4）: 369–392.

❷ Lisa-Marie Rudi, Hossein Azadi, Frank Witlox, et al. Land rights as an engine of growth? An analysis of Cambodian land grabs in the context of development theory[J]. Land Use Policy, 2014, 38: 564–572.

❸ 林乐芬，金媛. 农地流转方式福利效应研究——基于农地流转供求方的理性选择 [J]. 南京社会科学，2012（9）: 74–79.

❹ 李庆海，李锐，王兆华. 农户土地租赁行为及其福利效果 [J]. 经济学（季刊），2012, 11（1）: 269–288.

了政府和其他城市用地企业。❶陈利根、成程通过理论模型的方法，对不同宅基地流转模式下的农户福利水平进行比较，结论认为集体推动下的宅基地流转最能够提高农户福利水平。❷由此可见，运用消费者剩余理论评估宅基地置换中农户福利，只能是针对某一种具体方式，而现实中一个宅基地置换项目同时存在不同的置换方式。例如，不同农户根据自身需要，选择货币置换也有可能选择产权置换等。在这种情况下，消费者剩余就无法评估了。

国外学者主要是将收入作为农户福利衡量标准开展研究，伊雅·索尼以坦桑尼亚农户为研究对象，将收入作为农户福利的唯一衡量指标，运用航拍数据建立数学模型。结论认为，土地利用方式转变并没有提高农户的福利水平，原因在于当地农户的非农就业率和文化程度都较低。为此，他提出政府若希望在转变土地利用方式的同时提高农户福利，就需要为农户提供更多的非农就业机会。❸约翰·彭德同样以收入作为福利衡量标准，通过对乌干达107个村庄的调查，发现农地资源的保护有利于提高农户的福利水平。❹阮广福以越南中等城市的土地流转为例，通过分析发现越南农地城市流转激化了社会矛盾，引起了农户的不满。❺国外学者以收入为标准研究土地利用方式由农业向非农业转变时，农户福利的变

❶ Rong Tan, Futian Qu, Nico Heerink, et al.Rural to urban land conversion in China—How large is the over–conversion and what are its welfare implications?[J]. China Economic Review, 2011, 22（4）: 474–484.

❷ 陈利根，成程. 基于农民福利的宅基地流转模式比较与路径选择 [J]. 中国土地科学，2012, 26（10）: 67–74.

❸ Eija Soini. Land use change patterns and livelihood dynamics on the slopes of Mt. Kilimanjaro, Tanzania[J]. Agricultural Systems, 2005, 85（3）: 306–323.

❹ John Pender, Pamela Jagger, Ephraim Nkonya, et al. Development pathways and land management in Uganda[J]. World Development, 2004, 32（5）: 767–792.

❺ Nguyen Quang Phuc, ACM Van westen, Annelies Zoomers. Agricultural land for urban development : The process of land conversion in Central Vietnam[J]. Habitat International, 2014, 41 : 1–7.

化状况，结论都认为农业利用方式更有利于提高农户福利水平。这一结论对本书有所启示，但是学者们将收入作为福利衡量标准存在局限性。

1.2.2 与宅基地置换相关的城乡土地要素流动中农户补偿研究

目前，我国在征地或者置换补偿中采用了补偿和安置相分离的措施。补偿针对的是土地上属于农户的财产，即房屋或者农作物等；而安置针对的是农户拥有的土地使用权，即承包经营权和宅基地使用权。补偿是对农户经济权益的补偿，表现为土地补偿费，如江苏规定政府需要将不少于 70% 的土地补偿费支付给 16 周岁以上的农户。安置是对农户保障权益的补偿，表现为安置补助费，如江苏规定征地安置补助费需要用于 16 周岁以下农户的生活补助和 16 周岁以上农户的社会保障。但很多地区宅基地并没有安置补助费，普遍存在将产权安置视为宅基地安置的情况。事实上，产权安置是对农户原有住房的补偿，并不能算是一种安置，忽略了宅基地对农户的保障作用。本书据此将综述分成两部分，第一部分是对补偿标准的综述，第二部分是对安置方式的综述。

1. 补偿标准研究

由于我国目前尚未建立起城乡一体化的土地要素市场，所以不论是通过征地还是宅基地置换方式实现城乡土地要素流动，政府都是主导者和垄断者，需要对农户进行补偿。学者们对应该依据什么标准对农户进行补偿展开了深入而广泛的研究，主要集中在分别提倡依据土地综合价值、农户受偿意愿、市场价格、地租标准对农户进行补偿。

第一，倡导依据土地综合价值标准对农户进行补偿的学者及其主要观点如下。聂鑫、汪晗等从公平补偿角度出发，认为应该对农地市场价值、保障价值和生态价值一并进行补偿，这样才能达到社会总体福利改善的效果；❶诸培新、卜婷婷等认为，除了需要对上述三个价值进行补偿外，还要对农地的社会稳定价值进行补偿；❷蔡银莺、张安录认为，要对农地的市场和非市场价值共同补偿，其内容包括了上述两位学者提到的内容。❸❹❺倡导依据土地市场价格标准对农户进行补偿的学者及其主要观点如下。陈标金，李大胜根据净现值估价理论对农地价值进行测算，认为现行的补偿标准是充分的，并提出土地补偿要达到保护农户利益目标的关键是要合理分配征地补偿款；❻梅付春认为，要对失地农户的合理利益进行完全补偿。❼

第二，倡导依据市场价格标准对农户进行补偿的学者及其主要观点如下：於忠祥、李学明等认为，要根据农地的市场价值给予农户足够的经济补偿；❽沈开举、胡光全，刘连泰、左迪等，通过借鉴美国在土地征用时市场价格的计算

---

❶ 聂鑫，汪晗，张安录. 基于公平思想的失地农民福利补偿——以江汉平原 4 城市为例 [J]. 中国土地科学，2010（6）：62–67.

❷ 诸培新，卜婷婷，吴正廷. 基于耕地综合价值的土地征收补偿标准研究 [J]. 中国人口·资源与环境，2011，21（9）：32–37.

❸ 蔡银莺，宗琪，张安录. 江汉平原农地资源价值研究 [J]. 中国人口·资源与环境，2007，17（3）：85–89.

❹ 蔡银莺，张安录. 武汉市农地资源非市场价值研究 [J]. 资源科学，2006，28（6）：104–111.

❺ 蔡银莺，张安录. 武汉市农地非市场价值评估 [J]. 生态学报，2007，27（2）：763–773.

❻ 陈标金，李大胜. 征地补偿标准与失地农民的利益保护 [J]. 华中农业大学学报（社会科学版），2007（4）：46–49.

❼ 梅付春. 失地农民合理利益完全补偿问题探析 [J]. 农业经济问题，2007，17（3）：82–85.

❽ 於忠祥，李学明，朱林. 论农地征用的经济补偿与失地农民的安置 [J]. 农业经济问题，2004（12）：55–58.

方法，提倡我国政府也需借鉴此方法，对失地农户进行市场补偿；❶❷ 唐朝光、蒋文能，程文仕、曹春、廖鑫彬等学者，从不同角度对补偿标准进行分析，均认为需要对失地农户依据市场价格进行补偿。❸❹❺❻❼

　　第三，倡导以受偿意愿为标准对农户进行补偿的学者及其主要观点如下。胡银根等通过对农户工宅基地退出意愿的调查分析，提倡根据其受偿意愿进行退出补偿；❽ 许恒周运用条件价值评估法对农户宅基地退出意愿进行了分析并揭示其影响因素。结论认为，目前补偿与条件价值补偿的差距在于现有补偿未给农户提供非农就业及保证农户可持续发展方面。❾

　　第四，倡导依据地租标准对农户进行补偿的学者及其主要观点如下。持此观点的学者较少，林丹、廖萍萍运用马克思的地租理论进行分析，认为征地补偿如果能够做到缩小城市绝对地租的上下限，那么就能够促进城乡的协调发

❶　沈开举，胡光全.美国行政征用补偿市场价值计算方法解读 [J].行政法学研究，2007（3）：120–130.
❷　刘连泰，左迪.征收法上按公平市场价值补偿规则的白圭之玷——以美国法为例 [J].浙江社会科学，2013（9）：55–62.
❸　唐朝光，蒋文能.基于市场价格的集体土地征收补偿研究 [J].学术论坛，2012（10）：128–133.
❹　程文仕，曹春，杜自强，等.基于市场决定理念下的征地补偿标准确定方法研究——以甘肃省张掖市城市规划区为例 [J].中国土地科学，2009，23（9）：41–46.
❺　廖鑫彬.土地征收的公平市场价值补偿——一种基于土地增值税框架的征地补偿模式 [J].农村经济，2013（7）：47–51.
❻　王小映.土地征收公正补偿与市场开放 [J].中国农村观察，2007（5）：22–31.
❼　左静.我国现行征地补偿与市场地价的差距 [J].农业经济，2007（9）：32–33.
❽　胡银根，张曼.农民工宅基地退出的补偿意愿及影响因素研究——基于武汉市城市圈的问卷调查 [J].华中农业大学学报（社会科学版），2013（4）：90–95.
❾　许恒周.基于农户受偿意愿的宅基地退出补偿及影响因素分析——以山东省临清市为例 [J].中国土地科学，2012，26（10）：75–81.

展；❶焉香玲同样运用马克思地租理论对征地过程中的收益分配进行分析，结论认为农户应该拿到级差地租 II ❷。

　　除了经济和保障补偿外，学者们认为也需要对失地农户的生态和心理等方面进行补偿。云梅、骆云中认为随着经济的发展，农户已经不处于仅仅追求经济补偿的低级发展阶段，而是更加追求精神方面的满足，因此需要对农户进行感情资本的补偿，并分析了将感情补偿纳入补偿政策的必要性与可行性。❸刘祥琪、陈钊等通过对我国 17 个农业大省征地农户满意度的实证调研，认为农户总体上对征地经济补偿的满意度较高，不满意的很大一部分原因来自于征地程序的不公正，因此在征地过程中要优先保证农户的参与权。❹张良悦认为土地是一种资源禀赋，并非只有农业用途这一种资源价值，还蕴含着未来发展的价值，因此要根据土地发展权对农户进行补偿。❺吴杰、何多兴等提出要依据土地幸福指数标准对农户进行补偿。❻

　　国外城市的发展同样涉及土地征用补偿问题，补偿标准虽然在具体内容上有所不同，但大体依据市场价格补偿。迈特雷什·加塔克运用经济学中经典的供求均衡对政府征地补偿进行分析。由于农户在征收之前对土地的投资影响农户是否愿意将土地出售给政府，所以应该根据不同的情况制定不同的补偿规

---

❶ 林丹，廖萍萍. 征地补偿与城乡协调发展——基于马克思地租理论的征地补偿分析 [J]. 重庆文理学院学报（社会科学版），2009（2）：29–33.

❷ 焉香玲. 基于马克思地租理论的我国农民收益分配问题研究 [J]. 经济纵横，2010（7）：13–16.

❸ 云梅，骆云中. 失地农民补偿中情感资本补偿的缺失 [J]. 中国农学通报，2010，26（2）：320–324.

❹ 刘祥琪，陈钊，赵阳. 程序公正先于货币补偿：农民征地满意度的决定 [J]. 管理世界，2012（2）：44–51.

❺ 张良悦. 土地发展权框架下失地农民的补偿 [J]. 东南学术，2007，29（6）：4–9.

❻ 吴杰，何多兴，尚勇敏，等. 基于幸福指数视角反思失地农民安置补偿问题的研究——以重庆市北碚区学堂堡安置点为例 [J]. 中国农学通报，2013（2）：86–90.

则。● 爱迪·纳斯认为，在很多情况下，由于政府并非是出于公共利益进行征地的，所以政府在征地时需要根据资源最优配置理论，按照市场价格对失地农户进行补偿 ●。

由上述综述可知，国内外对于政府开展与宅基地相关的城乡建设用地流转如何对农户补偿进行的大量研究，为本书提供了思路和空间。但上述研究存在以下两方面的不足：一是，虽然有学者在研究征地补偿时提及要根据农户福利进行公平补偿，但在实际操作中并没有以能够充分代表公平的农户福利为标准进行具体测算。二是，上述研究主要的研究对象基本都是农用地，对于宅基地补偿国内目前只有两位学者进行研究。在城乡建设用地增加挂钩制度背景下，宅基地补偿比农用地补偿存在的问题更加严重，而学者们却忽视了此方面的研究。

（1）宅基地安置方式研究。相对于承包地安置方式来说，关于宅基地安置方式的研究较少。本章按照宅基地置换的三种方式进行综述，即产权置换方式、货币置换方式与宅基地置换方式（三种方式的概念界定详见下文）。

第一，产权置换方式。杨成林通过对天津市宅基地换房的有效性与可行性分析，认为这种方式在一定约束条件是一种成功的模式探索，但受经济发展水平的限制，并不适合推广至全国。●但也有学者建议将天津宅基地换房模式进

● Maitreesh Ghatak，Dilip Mookherjee. Land acquisition for industrialization and compensation of displaced farmers[J]. Journal of development economics，2013（1）：1–10.

● Ed Nosal. The taking of land：market value compensation should be paid[J]. Journal of Public Economics，2001，82（3）：431–443.

● 杨成林. 天津市"宅基地换房示范小城镇"建设模式的有效性和可行性 [J]. 中国土地科学，2013，27（2）：33–38.

行推广，代表学者有崔宝敏和赵俊臣。❶❷张正峰、杨红等通过比较上海两类居民点征地模式，认为产权置换方式适宜在经济发达、非农就业率高的地区开展。❸杨小川、胡传景以新沂市产权置换为例进行分析，认为新沂市按照宅基地面积进行补偿，按照人口分配安置房的方式值得借鉴。❹徐志明以苏州市产权置换为例分析宅基地置换中的市场和政府关系，结论认为总体上宅基地置换发挥了市场和政府无形和有形两只手的作用，但政府仍需要在用地指标等方面进行改进。❺张占录、张远索通过对北京市郊区宅基地换房现状、需求和需求原因的分析，认为宅基地换房是目前最合理的居民点整理方式。❻通过综述发现，从效率角度出发，学者们基本都认同在经济发达地区开展产权置换方式的宅基地置换。

　　第二，货币置换方式。沈迎春通过对三亚市失地农户补偿的分析认为，一次性货币补偿最能保障农户权益。❼不过，多数学者对一次性货币补偿持反对态度，梅林认为目前的一次性货币补偿背离市场价值，无法给农户以长远保障❽，

❶　崔宝敏. 天津市"以宅基地换房"的农村集体建设用地流转新模式 [J]. 中国土地科学, 2010, 24（5）: 37–40.

❷　赵俊臣. 天津宅基地换城镇房的重大意义 [J]. 理论前沿, 2009（15）: 35–37.

❸　张正峰, 杨红, 吴沅箐, 等. 上海两类农村居民点整治模式的比较 [J]. 中国人口·资源与环境, 2012, 22（12）: 89–93.

❹　杨小川, 胡传景. 依据宅基地面积定补偿按照家庭人口分安置房——来自新沂市万顷良田建设零过渡期和谐搬迁经验 [J]. 广东土地科学, 2012（1）: 45–48.

❺　徐志明. 农村集体建设用地流转中的市场与政府——苏州市宅基地换房模式分析 [J]. 学海, 2011（6）: 53–56.

❻　张占录, 张远索. 基于现状调查的城市郊区农村居民点整理模式 [J]. 地理研究, 2010, 29（5）: 891–898.

❼　沈迎春. 一次性货币补偿改革势在必行 [J]. 今日海南, 2013（9）: 43.

❽　梅林. 浅析集体土地征用补偿标准的未来性——兼论集体土地征用补偿新方式 [J]. 法制与经济, 2006（8）: 16–17.

对此持相同观点的还有安虎森、邹璇等其他学者。❶❷ 郑财贵、朱玉碧认为，置换方式需要根据当地实际情况进行选择，而不存在哪种方式好、哪种方式差的问题。❸ 通过对上述各学者观点的综述发现，学者们对于货币置换方式存在争议，有学者认可，但大部分学者并不认可。

第三，宅基地置换方式。张正峰、杨红等认为，宅基地置换方式适合在经济欠发达，工业化程度较低的远郊开展。❹ 持此相同观点的还有张娴、宣徐军、张祎娴、王仲谷等学者。❺❻❼

国外由于不存在类似于中国宅基地的特殊性土地，所以没有相关文献可以参考，但是国外对农村住宅的逆城市化问题研究值得借鉴，这对我国是否应该允许宅基地流转具有先验性作用。

逆城市化为乡村发展带来的消极与积极作用，受到了国外学者的广泛关注，其中以乡村住宅用地流转带来的城乡发展冲突最受关注。保罗·钱尼通过对英国 200 户农村家庭的问卷调查，采用描述性分析的方法，发现城市中产阶级到农村购买住房影响了农户的居住质量。❽ 舒克·史密斯同样也认为，

---

❶ 安虎森，邹璇. 失地农民补偿问题研究 [J]. 求索，2006（6）：1–5.

❷ 冯乐坤. 对我国土地征用补偿方式的反思——一种社会保障的视角 [J]. 法商研究，2005（5）：65–70.

❸ 郑财贵，朱玉碧. 失地农民几种主要补偿安置方式的比较分析 [J]. 中国农学通报，2006，22（7）：607–611.

❹ 张正峰，杨红，吴沅箐，等. 上海两类农村居民点整治模式的比较 [J]. 中国人口·资源与环境，2012，22（12）：89–93.

❺ 张娴. 上海郊区宅基地置换试点模式及案例研究 [J]. 城市规划，2010（5）：59–65.

❻ 宣徐军. 海盐县宅基地置换的研究 [J]. 嘉兴学院学报，2010（S1）：138–141.

❼ 张祎娴，王仲谷. 上海郊区宅基地置换试点运作模式研究 [J]. 苏州科技学院学报（工程技术版），2008（4）：56–61.

❽ Paul Chaney, Kenneth Sherwood. The resale of right to buy dwellings : a case study of migration and social change in rural England[J]. Journal of Rural Studies, 2000, 16（1）：79–94.

允许城镇居民到农村购房影响了当地农户的居住。❶ 持此相同观点的还有其他学者。❷❸ 由此可见，即使在发达国家，逆城市化现象也不利于保障农户的居住权，因此政府主导宅基地置换在给予农户充分补偿的条件下存在合理性。

（2）承包地安置方式研究。较多学者对承包地安置方式进行研究，承包地安置方式同样分为三种：社会保障安置、土地入股安置和货币安置。货币安置在 2007 年国家出台相关政策之后，各地已经不采用此方式对失地农户进行安置，故本章不再对此进行综述。

第一，社会保障安置方式。这种承包地安置方式是国家长期以来实施并得到学者认可的方式，闫岩、李放等通过对不同社会保障安置方法的比较，认为承包地换社保的方式是可取的，但是要根据各地实际情况采用不同方法。❹ 马家峰认为，社会保障安置方式是解决征地问题的关键，能够保证农户的长远发展。❺ 冯乐坤通过对我国征地安置方式的研究，认为进行社会保障安置适应了现实的需要 ❻，持此同样观点的还有高清荭、郯艳辉等其他学者。❼❽❾ 然而，

❶ Mark Shucksmith. Housebuilding in Britain's countryside[M]. Psychology Press，1990：193.

❷ Glen Bramley，Gavin Smart. Rural Incomes and Housing Affordability[J]. Rural Development Commission，Salisbury，1995：37–40.

❸ Lewis GJ，Sherwood K B. The local authority and local needs hous ing：A case study from south northamptonshire. [M].Leicester：University of Leicester，1991：95–113.

❹ 闫岩，李放，唐焱 . 土地承包经营权置换城镇社会保障模式的比较研究 [J]. 经济体制改革，2010（6）：83–87.

❺ 马家峰 . 浅谈农村土地流转过程中的农民社会保障问题 [J]. 改革与开放，2009（9）：109.

❻ 冯乐坤 . 对我国土地征用补偿方式的反思——一种社会保障的视角 [J]. 法商研究，2005（5）：65–70.

❼ 高清荭，郯艳辉 . 从土地的保障功能探讨失地农民社会保障对策 [J]. 中国国土资源经济，2008（4）：16–18.

❽ 钟涨宝，徐小霞 . 以土地为依托构建失地农民社会保障体系 [J]. 农村经济，2006（1）：71–73.

❾ 卢海元 . 土地换保障：妥善安置失地农民的基本设想 [J]. 中国农村观察，2003（6）：48–54.

也有学者并不认同这种方式，张春雨从公民权为切入点，认为社会保障安置违背了公民权，只是一种权宜之计。❶ 韩克庆也认为，承包地所拥有的并非是社会保障功能，而是满足农户生活和发展需要的自我保障功能；社会保障应该是政府和国家的责任，而非农户自己的责任。❷ 由上述综述可知，虽然社会保障安置方式广泛推广，并得到了多数学者的认可，但也有学者对此并不认同。因此，承包地换社保的真正作用还有待进一步的论证，特别是在宅基地置换过程中，是否应该将承包地也置换为社会保障，这值得我们去研究。

第二，土地入股安置。早在 1996 年就有学者对土地入股问题进行了研究。秦海荣对土地出让金入股和土地使用权入股的相同点和差异性进行了分析。❸ 随后，林依标对土地作价入股的操作程序提出了具体的措施和办法。❹ 近几年，随着城乡建设用地增减挂钩政策的实施，土地入股问题再一次进入学者的研究范围。吴义茂运用法律分析工具，分析农业合作社是否能够作为土地入股的主体问题，结论是否定的，因为这与法律规定不兼容。❺ 高海、刘红以重庆、浙江等地政府出台的地方性文件为研究对象，运用文本分析法，分析得到的结论是在土地入股安置的同时可以考虑劳资入股的方式。❻ 张笑寒通过对农户土地入股决策行为的分析，政府不宜盲目推行该安置方式，应该因地制宜稳妥推进。❼

---

❶ 张春雨. 基于公民权利理念的农民社会保障及 "土地换社保" 问题分析 [J]. 兰州学刊，2009（5）：93–96.

❷ 韩克庆. 土地能承载农民的社会保障吗？ [J]. 学海，2004（5）：57–61.

❸ 秦海荣. 土地使用权出让金入股与土地使用权作价入股的区别 [J]. 中国土地科学，1996（1）：6–8.

❹ 林依标. 关于土地使用权作价入股若干问题的探讨 [J]. 中国土地科学，1999（5）：23–26.

❺ 吴义茂. 土地承包经营权入股与农民专业合作社的法律兼容性 [J]. 中国土地科学，2011（7）：31–36.

❻ 高海，刘红. 劳务出资对土地承包经营权入股合作社的启迪——基于重庆、浙江等地方性文件的样本分析 [J]. 农业经济问题，2010（11）：34–39.

❼ 张笑寒. 农户土地入股决策行为及其区域差异——基于江苏省的农户调查 [J]. 中国土地科学，2008（4）：67–72.

通过上述综述可知，土地入股方式存在已久，但在入股过程中仍存在很多问题需要解决，因此并非是农户承包地置换的最好方式。

国外农地属于私有化土地，不存在将土地换取社会保障的问题，因此也未找到相应文献，这导致本章无法对此进行综述。

1.2.3　与宅基地置换相关的城乡土地要素流动中农户补偿政策研究

首先，对农户补偿政策价值取向进行研究的学者及其观点如下：王华华、王尚银认为，征收、置换等对农户的补偿属于社会赔偿，要与国家、民事赔偿进行区分。社会应该承担对为社会发展做出牺牲一方的公正赔偿，征收、置换等补偿政策的价值取向应该是公平和正义。❶❷ 姚从容同样也认为，由于农户对国家城镇化发展做出了贡献和牺牲，而且大部分是在非自愿的情况下失地的，那么更应该依据社会福利公平正义分配的价值取向制定补偿政策。❸

其次，对土地补偿政策应该如何修改进行研究的学者及其观点如下。陈小君从立法角度对补偿政策进行了分析，认为所有权主体缺位使宅基地和承包地事实上不具有用益物权性质，在征地过程中补偿并不能满足农户的需求，因此应该从立法方面对影响补偿政策的法律进行修改。❹ 王雨濛、张安录等从政策

❶　王华华，王尚银. 论土地征收政策取向：从"社会补偿"到"社会赔偿"[J]. 四川行政学院学报，2012（2）：25-28.

❷　王华华，王尚银. 土地征收政策社会公正化：由"保障"到"保护"[J]. 福建行政学院学报，2012（2）：12-17.

❸　姚从容. 失地农民的征地补偿与就业安置及社会福利政策趋向[J]. 贵州社会科学，2008（9）：91-93.

❹　陈小君. 农村土地制度的物权法规范解析——学习《关于推进农村改革发展若干重大问题的决定》后的思考[J]. 法商研究，2009（1）：3-11.

目标多元化的角度对补偿政策进行分析，得到的结论是目前的补偿政策只能达到农户增收以及符合政府要求的一些目标，并不能实现农户长远发展，生活有所保障等公平正义目标，因此需要进行改革。❶

国外学者也对征地补偿政策进行了研究，提出的政策建议主要包括三个方面：特斯法耶·特克鲁认为，土地政策要达到减少农户贫困的作用，关键是要制定规则培养适合交易的土地市场，而不是纯粹的对农户进行补偿。❷卡布雷拉利用仿真模型研究土地小农经营对农户家庭福利的影响，认为将改变价格作为政策工具的土地补偿政策并不能提高农户家庭的福利水平。❸ 金长虹以韩国的征地补偿为例，认为类似于韩国这样民主还未达到一定程度的国家，征地补偿需要设立监督机制，进行具有监督方式的补偿。❹

通过上述综述发现，国内外对于与宅基地置换相关的城乡土地要素流动中农户补偿政策的研究较少，而且基本都是定性分析，尚未进入定量阶段；而政策制定很多时候需要具体而细化的数据进行辅助，希望能够通过本书丰富补偿政策的研究内容，同时推进补偿政策的改革。

---

❶ 王雨濛，张安录，黄宗煌. 土地用途管制背景下的农地补偿多目标政策结构分析 [J]. 农业技术经济，2009（4）：62–69.

❷ Tesfaye Teklu, Adugna Lemi. Factors affecting entry and intensity in informal rental land markets in Southern Ethiopian highlands[J]. Agricultural Economics，2004，30（2）：117–128.

❸ VE Cabrera, Peter E Hildebrand, JW Jones. Modelling the effect of household composition on the welfare of limited-resource farmers in Coastal Canete, Peru[J]. Agricultural systems，2005，86（2）：207–222.

❹ Chung-Ho Kim, Kyung–Hwan Kim. Compensation for Regulatory Takings in the Virtual Absence of Constitutional Provision : The Case of Korea[J]. Journal of Housing Economics，2002，11（2）：108–124.

1.2.4 简要述评

通过对上述文献的综述可知，虽然学者们从农户福利视角研究土地流转问题已经取得了一些成果，可行能力福利理论及模糊评估法的运用，为本书奠定了基础，但在研究过程中仍存在以下几个方面的不足。

第一，基于宅基地开展的农户福利研究较少。已有研究主要集中在对农地流转中的农户福利评估、对农地征收补偿标准的测算以及农地补偿政策的制定等方面。这些研究基本都是以农地为主要研究对象，而以宅基地为对象的研究较少，从农户福利视角出发研究宅基地置换问题的则更少。这一方面是由于理论基础的薄弱，尤其是宅基地对农户福利影响的理论支撑较弱；另一方面则是由于现实中调查的困难，尤其是宅基地置换开展的时间较短，难以获得充足的研究数据去支撑实证研究。但农户福利既符合宅基地置换补偿政策的价值取向，同时也是政策目标，以农户福利为视角研究宅基地置换补偿政策将公平和正义与保障农户长远生计结合了起来，有必要加以重视。

第二，尚未对不同置换方式下的宅基地置换补偿政策绩效进行比较。宅基地置换补偿是一个系统工程，包含换房换地、换房换社保、换地换社保等多种方式。不同方式下的补偿政策绩效也有所不同，但现有研究较少对此进行区分，导致研究的针对性不强，本书尝试对此方面进行一定程度的弥补。

第三，尚未将能够代表农户长远生计的福利作为补偿标准测算宅基地置换补偿款数额。国内外学者对于征地等补偿标准进行了较多研究，分别提倡按照土地综合价值、市场价值、农户受偿意愿、地租等为标准进行补偿，但这些标准无法达到国家提出的保障农户生活水平不降低、长远生计有保障的政策目标，而且绝大多数是针对农地补偿标准进行的研究，很少涉及宅基地的补偿标准，故本书以能够衡量农户长远生计的农户福利为补偿标准测算宅基地置换补偿款数额。

第四，关于宅基地置换补偿政策的研究较少。现有较少的研究中，主要是对补偿政策价值取向、目标进行了研究，但尚未涉及对政策制定、政策绩效这些问题的研究。鉴于此，本书评估了补偿政策的绩效，分析了影响机理，根据农户福利标准测算了补偿额度，以期为政策制定和出台提供可操作性建议。

第五，缺乏典型地区的实证研究。在对农地征用、宅基地置换等土地流转中农户福利、补偿政策等进行研究时，大多数将湖北、四川等地作为实证研究范围，而长三角地区在过去几年实施了大规模的宅基地置换，产生了与宅基地置换中农户福利相关的众多问题，学者们由于资源限制，对该地区开展的研究较少。本书以长三角为实验场所，不仅是对以往研究的一个拓展，也是对现实突出问题的回答。

1.3　理论基础与分析框架

一般来说，对于现实问题的分析需要借鉴前人在分析相似问题时得到的、被社会认可的理论和方法。以农户福利为视角评估宅基地置换补偿政策绩效、揭示影响机理，提出改善建议需要用到关于福利补偿、福利评估、政策评估、政策过程理论。这些理论为本书分析提供了思路，故在正式研究前，对这些理论脉络进行梳理，并构建本书的理论分析框架。理论分析框架的作用是将诸多理论、方法包括在同一研究逻辑内，从而使研究者在研究中能够始终保持逻辑的一致性。较为著名的分析框架如奥斯特罗姆的 IAD 分析框架。同时，对于同一个概念，不同学者、不同研究领域会有不同的解释，为了研究的严谨，也为了避免混淆，本章对研究用到的概念进行介绍。

1.3.1　理论基础

1. 福利补偿理论

福利普遍被认为是人们追求的目标，对于公共政策如何来实现这一目标，帕累托改进标准认为，若某一项政策变革在提高一部分人福利水平的同时并不改变他人福利水平，那么这项政策改革就是有效率的和能够改善社会福利的。由此推理得到，帕累托改进是社会福利改善的充分条件。但是，不论在哪个国家，若进行政策变革，大多数时候只能使一部分人的福利水平上升；而对于另一部分人来说，他们的福利水平是下降的。对于这种情况，政策变革是否可行，帕累托改进标准就无法回答了。为此，学者们提出了福利补偿理论。

美国经济学家赛特林最早注意到补偿问题，他在分析如何支付公共工程建设费用时得到如下结论：如果采用收费和收税相结合的方式，那么就可以使每个人的福利状况都得到改善。❶具体来说，它是假设将用以维护公共工程的服务收费率定为服务的边际成本，服务收费率的降低会使福利使用率提高，再通过征收的所得税方式补偿给这些企业用于固定服务费支出。但如果补偿给这些企业的固定支出少于服务使用率提高带来的收益，那么整个社会的所得就大于零。也就是说，此时每个人的福利水平都有所改善。在此基础上，卡尔多提出了，要使公共政策能够提高人们福利水平，就需要进行福利补偿的理论，即福利补

---

❶　Harold Hotelling. Stability in competition[M]. Berlin：Springer，1990：42–44.

偿理论——如果进行某项政策变革，使一部分人福利受益，另一部分人福利受损，当受益者在给受损者能够维持其原有福利水平的补偿之后还有剩余时，那么则认为这项政策变革是有绩效的。

宅基地置换项目的实施会使一部分人福利水平变好，另一部分人福利水平变差。农户属于福利水平变差的那部分人。根据卡尔多补偿原理，要使宅基地置换政策有绩效，那么就需要对农户进行补偿，这种补偿的标准是至少保持农户原有的福利水平不变。本书以此为判断宅基地置换补偿政策是都有绩效的标准，如果补偿政策能够做到至少维持农户原有福利水平，那么就认为政策有绩效的，反之则无绩效。在宅基地置换市场中，假设参与者只有农户和政府两个主体，而且双方都是追求自身利益最大化的理性经济人，那么政府作为宅基地置换市场的买方垄断者，必然希望以最低的成本，即 S_1 这条补偿线对农户进行补偿，具体如图1.3所示。S_1 是政府对宅基地及其之上的房屋按照成本折旧进行的补偿，是给予农户的最低补偿标准。在这条线上，农户对宅基地置换并不满意，有可能采取上访等阻碍宅基地置换进程的行动。根据福利经济学的补偿理论，理论上，宅基地置换补偿应该达到 S_2 这条线，即农户作为利益受损者，S_2 这条补偿线能够保证农户的福利水平至少与置换之前相等。但政府为了追求自身利益最大化，不会将补偿标准定到 S_2 的水平，反而会利用自身垄断和强势地位，通过与农户不断博弈，使补偿线位于 S_1 和 S_2 之间，表示为 S_0。在 S_0 这条线上，虽然农户对宅基地置换不满意，但也不会采取抵抗措施妨碍宅基地置换进程。

在宅基地置换中，农户的长期福利需求与政府的短期货币补偿无法达到一致和平衡，政府给予的补偿标准低于保障农户原有福利水平的标准，这会促使政府增加对宅基地置换的需求，从而导致城市无序扩张。图1.3中由 S_0 和 D 确定的宅基地置换数量明显多于由 S_2 和 D 确定宅基地置换数量。本书旨在分析现有 S_0 这条补偿线上的农户福利状况,并探索该如何对农户进行福利补偿,从而达到 S_2 这条补偿线,以期能够实现宅基地置换市场中政府与农户的双赢。

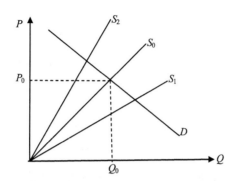

图 1.3　不同宅基地置换补偿政策下的供需情况

2. 福利评估理论

福利补偿理论提到,要对因一项政策变革而福利受损的人们进行福利补偿。那么,福利是什么?如何评估福利?评估福利的指标是什么?

首先,福利是什么?福利在社会学领域中被界定为社会保障希望能够达到的最高层次,指国家为所有公民普遍提供的资金和服务。这些资金和服务主要用于保障公民一定的生活水平,并且尽可能提高公民的生活水平,其特点是普惠性和公平性。如瑞典等国家通过众多的社会福利制度,追求人人平等,故被称为福利国家。通俗来讲,这一领域中的福利是指不需要自己努力付出,就能够得到的一种额外的物品或服务,如单位逢年过节发放的奖金、礼品等被称为福利。这些福利依托于整个集体(可以是国家,也可以是某一个单位、公司等)

的经济实力以及制度中的公平倾向程度。众多学者们在研究宅基地时，将农户依据集体经济组织成员权无偿取得宅基地视为宅基地福利。例如，温铁军认为，随着农村人口对土地压力的不断增加，农村土地"福利化"成为一种必然趋势。其中，宅基地福利化主要表现为宅基地使用权的成员权性与无偿性。❶ 胡康生认为，宅基地是国家给予农民的一种基本福利保障。❷ 杨一介认为，宅基地体现了国家对农民这一弱势群体基本生存权的保障和关爱，福利政策思想得以彰显。❸ 上述学者提出的宅基地福利是社会学领域中的福利概念，而本书的中心内容是评估宅基地置换之后农户的生活水平如何，进而评估宅基地置换补偿政策的绩效，因此不使用社会学领域中的福利概念，而使用经济学领域中的福利概念。下面介绍经济学领域中福利的界定、评估等理论。

福利在微观经济学领域中被界定为个人或集体的偏好，是从一定组合的商品或者服务中获得的效用。此种效用涵盖的内容包括满足感、幸福感和快乐等一些主观感受。也就是说，当人们在 x 和 y 中更偏好于 x 时，根据上述理论，x 能给此人带来的福利就高于 y。但福利经济学代表人物黄有光对此提出了三点反对意见：一是，一个人的偏好有可能会受到其他人的影响，也可能因为一种利他精神，考虑别人的福利而牺牲自己的偏好。比如，有牛肉和猪肉两样食品供甲和乙选择，甲偏好牛肉，乙偏好猪肉，但乙为了能够和甲交朋友而放弃猪肉选择牛肉，但结果并未因此和甲成为朋友，此时，并不能说明乙选择牛肉带给其更多满足感，效用更大。二是，人可能因为信息不完全而选择不一定对自

---

❶ 温铁军.中国农村基本经济制度研究："三农"问题的世纪反思 [M].北京：中国经济出版社，2000：299–300.

❷ 胡康生.中华人民共和国物权法释义 [M].北京：法律出版社，2007：463.

❸ 杨一介.农村宅基地制度面临的问题 [J].中国农村观察，2007（5）：32–37.

己最有利的事物，因此偏好并不能等同于福利。例如，由于农户相对来说文化程度等较低，获取信息途径也有限，如果让他们自己在一次性货币补偿和保障补偿中进行选择的话，他们很有可能会选择一次性货币补偿。可事实上，保障补偿比一次性货币补偿对农户更有利。三是，人可能因为存在偏见而明明知道 y 比 x 好，但宁愿选择 x 也不选择 y，这同样不能说明 x 带给此人的效用高于 y。与上述以商品等实物为评估基础的功利主义福利界定论者不同，幸福学创始人之一奚恺元教授认为，福利来自于精神世界的满足 ❶，但奚恺元教授的福利界定遭到了卡尔多、希克斯等学者的批判。阿玛蒂亚·森在对上述两种福利概念批判与吸收的基础上，提出了自己的福利概念。森认为，收入和商品是人们获得福利的物质基础，但是人们如何来使用这些既定的商品，或者如何来花这些既定的收入，取决于个人自身所处的状况和外部社会的环境。❷ 由此可知，福利既不是效用，也不是基本的物品，而是一个人选择有理由生活的实质自由——即可行能力。❸ 本书根据森提出的可行能力来界定农户福利的概念，具体概念界定见下文。

其次，如何来评估福利？庇古开创了福利经济学理论体系，以其为代表的福利经济学理论称为旧福利经济学。庇古提出了社会福利的衡量方法，他认为，社会总福利的大小不仅取决于国民收入总量的大小，而且还取决于收入分配。越倾向于平均主义的收入分配，社会福利就越好，卡尔多等学者对此进行了批评。我国计划经济时期的平均主义导致经济后退也证明此方法并不能用于评估

---

❶ 奚恺元. 别做正常的傻瓜 [M]. 北京：机械工业出版社，2007：220–223.

❷ Robert Erikson, Rune Aberg. Welfare in transition：A survey of living conditions in Sweden [M]. Oxford：Oxford University Press，1987：1968–1981.

❸ Amartya Kumar Sen. Choice, welfare and measurement[M]. Boston：Harvard University Press，1997：75–77.

福利。在福利评估中，运用最多的就是马歇尔提出的消费者剩余和生产者剩余。前者的定义是指消费者为了得到某一商品，愿意支付的价格与实际支付价格之间的差额；后者的定义是指生产者实际得到的与其期望得到的之间的差额。但是通过消费者剩余来评估福利被认为是古典评估方式，只能是对福利进行粗略的评估。在此基础上，希克斯提出了在不同价格变化情况下四种不同的福利评估方法，分别是补偿变差（CV）、补偿剩余（CS）、等同变差（EV）和等同剩余（ES）。补偿变差是指当价格发生变动之后，保持消费者原有福利水平，需要收回或给予者消费者拥有的货币量：当价格上升时，要给予消费者补偿；当价格下降时，要收回消费者多余的货币量。补偿剩余增加了限定条件，即当价格发生变动之后，若要保持消费者原有福利水平，并且限制其在新价格下购买没有补偿效应时所愿意购买的数量。此时，需要从消费者那里收回或者给予多少货币量。等同变差是指在目前的价格水平下，要使消费者达到价格变动之后的福利水平，需要从消费者那里收回或者给予的货币量：当价格下降时，要想使消费者达到价格变动后的福利水平，需要给予消费者的货币量；当价格上升时，需要取回的货币量。等同剩余是指在目前的价格水平下，要限制消费者购买价格变动之前的购买量，达到价格变动之后的效用水平需要取回或者给予的货币量：当价格下降时，需要给予消费者一定货币量；当价格上升时，需要收回一定货币量。

但上述福利评估方法都是建立在消费者剩余古典福利评估方法之上的，并没有实质性的改变。正如森对功利主义效用论者的批评那样，这些剩余并不是真正意义上的福利。为此，根据自己对福利的定义，森提出了基于可行能力福利概念下的福利评估方法，被称为可行能力方法。如上所述，森的福利概念包含了功能性活动和可行能力两个方面。在此基础上产生的福利评估方法也从这两个方面出发进行评估，既可以单独评估，也可以合并在一起评估。对功能性活动组合的评估反映的是实际已经达到的福利，对可行能力集的评估反映的是能够有自由去实现的自由❶，即可行能力福利评估把拥有的那些没有被选中的机会也看成福利的组成部分。对此，森举例说明虽然在可以吃的情况下选择节食和在没有吃的情况下所达到的效果是一样的，但并不代表两者的福利水平也相同，明显有选择时的福利水平要高于没有选择时的福利水平。由于本书在评估宅基地置换中农户福利时，并不仅仅关注农户的收入是否得到了提高，还关注如居住状况、保障水平等其他方面是否变好，因此，森的可行能力福利评估方法更为适用。

最后，评估福利的指标是什么？在古典福利评估方法中，只需要将由价格和数量组成的需求曲线和供给曲线计算出来，根据人们的消费量就能够计算出此人的消费者剩余数是多少，即能计算出福利水平。假如进行某项政策变革，通过对政策影响价格的分析，按照希克斯提出的四种不同补偿，就能够算出应该给予多少补偿从而保持福利水平不变。用此方法评估得到的福利在森看来存在以下三点不足：一是忽视了分配的重要性，只关注总量而不关注分配；二是忽略了权利和自由等其他因素；三是忽视了人们之间可能会存在一些适应性行为和心理调节。因此，森提出了评估者们要根据研究的具体情况选择指标。森认为，可行能力福利评估方法最大的优点就在于"能够要求评估者以公开明细的方式来讨论这些判断问题，而不是把它们隐藏在框架之中"。他唯一提出的并认为具有普适性的指标就是，在对工具性自由进行评估时，认为需要选用政治自由、经济条件、社会机会、透明性保证和防护性保障作为指标来评估。本书在运用森的可行能力方法选择福利评估指标时，既借鉴了

❶　阿玛蒂亚·森.以自由看待发展[M].于真，任赜，译.北京：中国人民大学出版社，2002：63.

其他学者在分析福利时使用的指标，也根据宅基地置换实际情况，公开讨论了其他所需指标。

3. 政策评估理论

政策评估被认为是检验公共政策质量和水平的基本途径，也是评判政策是需要延续，还是需要改进，抑或是终止的重要依据。对于政策评估的概念，有以下几种代表性的观点：一是以胡雷等为代表提出的，他们认为政策评估主要是对政策方案或政策计划的一种评估。❶ 这一观点下的政策评估是一种事前评估，主要任务是确定决策范围等信息，为决策者的决策活动提供基础。二是以托马斯·R. 戴伊等为代表提出的，他们认为政策评估的着眼点是政策绩效，其主要目的是评价公共政策在达成其目标上的效果，确认政策对问题的解决和影响程度，并通过运用经过研究设计的指标分析形成当前政策绩效的原因，寻求优化政策的方法。本书按照此政策评估概念和思路开展研究，对政策绩效、影响机理及改善策略进行系统分析。三是以美国著名政策学家斯图亚特·内格尔为代表提出的，他们认为政策评估是对政策全过程的评估，既包括对政策方案的评估，也包括对政策执行、政策结果等的评估。

在确定了本书所使用的政策评估概念之后，采用什么方法对政策进行评估？目前，学者们对于应该采用价值判断法还是技术分析法一直存在争议。传统的政策评估认为实现公平和正义是政策的灵魂，在该理念指导下，政策社会价值评价是核心方法。支持该方法的代表学者是豪斯，他认为："政策评估本质上是一种政治活动,评估应该以正义为标准。" ❷ 随着政治评估和政策评估的分离，

---

❶ Joseph S Wholey. Evaluation : Promise and performance[M]. Washington, DC : Urban Institute, 1979 : 167.

❷ Lorrie A Shepard. Evaluating with Validity [M]. Michigan : Sage Publications, 1980 : 121.

越来越多学者倾向于使用技术评估法，并且承认在技术评估时也要体现价值判断。在此基础上，美国学者伊贡·古巴和伊冯娜·林科尔提出了第四代政策评估法——响应式建构主义评估，以利益相关者的主张、焦虑和正义作为评估焦点，以此来决定所需信息从而开展评估的一种评估方法，主张采用建构主义调查范式。❶ 该方法要求对利益相关者进行分析，分析谁是评估活动的代理人，谁是评估的受益者以及谁是评估的受害者。

本书的政策评估是指以政策目标为标准的政策执行结果，即绩效的评估，据此思路首先要分析宅基地置换补偿政策的目标是什么，然后再分析政策结果是否达到了该目标。在对目标进行分析时，以公平正义作为价值出发点，借鉴第四代评估方法的思路，分析利益相关者，公平正义要求对受害者损失进行充分补偿，因此，补偿是否充分成了评估的标准，本书以补偿是否充分用福利是否改善来衡量，据此评估标准，进入技术评估阶段，运用数据、模型等技术手段评估政策是否达到了对受害者充分补偿的目的，将规范和实证评估有效地结合在一起。

4. 多源流政策制定理论

通过了解政策是如何制定的，一定程度上能够预测政策发展的方向，有利于根据政策评估结果提出有针对性的政策建议。美国著名公共政策学家金登在借鉴垃圾桶模型的基础上，提出了多源流政策制定理论，这一理论可以用于解释政策是如何制定的，并且回答了下述三个问题：① 为何有些问题会引起政策制定者注意，而有些被忽视？② 政策制定者是根据什么制定政策的？③ 制定的政策怎样才能出台？

---

❶ Lorrie A. Shepard. Evaluating with Validity [M]. Michigan : Sage Publications, 1980 : 121.

对于第一个问题的回答，金登认为需要分析问题源流。发现问题源流可以通过三种方法：① 能够用指标反映重要程度的客观存在，如贫困指数、价格指数、公路死亡人数等。② 一些重大事件或者危机事件，如"非典"、2014 年 3 月发生在昆明火车站的暴力恐怖事件等，因为重大事件或者危机事件一般能够迅速引起政策制定者对某个问题的关注。③ 政策绩效的反馈，如上访等。

对于第二个问题的回答，金登认为需要分析政策源流。政策源流是指由专家、官僚、学者等提出的多种意见主张，通常一个问题会有不同的政策建议，它们组成了政策源流，其表现形式包括听证会、论文和会谈等，通过政策源流能够获得具有技术可行性、公众易接受解决问题的方案。各种不同的政策建议、解决办法相互碰撞、借鉴和结合，从而形成能够满足多方面需要的政策方案。当这些政策建议技术可行性高，又符合政策制定者的价值理念时，被采纳的可能性就变大了。

对于第三个问题的回答，金登认为需要分析政治源流。在我国，政治源流是政策能否顺利出台的关键因素，政治源流可以通过以下三个方面来发现：① 相当数目个体共同反映出的情绪，称之为国民情绪。② 不同压力集团之间的争夺行为，表现为支持派和反对派之间的辩论。③ 政府换届，如行政机构或者立法机构等的换届。金登认为在政治源流的三个因素中，国民情绪和政府换届两个因素的结合，会对政策议程产生最强有力的影响。如果政策方案与目前的国民情绪一致，并且能够获得利益集团的支持或者没有被反对，那么其被采纳的可能性就会很高。

当三大源流汇聚到一个关键节点上的时候，政策之窗打开，问题会被政府提上议程，就有可能产生政策。金登认为政策之窗是政策建议的倡导者提出其

最为得意的解决方案的机会，或者是他们促使其特殊问题受到关注的机会，而且政策之窗打开的机会是稍纵即逝的。❶

　　本书运用金登的多源流政策制定理论分析宅基地置换补偿政策变迁的原因，并分析目前关于宅基地置换补偿政策变革的问题源流、政策源流和政治源流是否都已经具备，预测将会进行什么样的政策变革。若不具备，分析不具备的原因是什么，并根据具体原因，提出有效推动政策变革的具体建议。

1.3.2　理论分析框架

　　理论分析框架是一项研究开展的前提条件，拥有一个逻辑缜密、结构清晰的框架有助于研究的顺利开展。本书的理论分析框架是根据牟杰和杨诚虎构建的回溯性政策分析框架进行一定修正后得到的❷，修正的目的是使之更加适合本书，见图1.4。第一，要分析目前宅基地置换补偿政策存在什么问题，要解决什么问题，这一分析主要运用现状描述的分析方法。第二，要梳理宅基地置换补偿政策的历史变迁进程，根据多源流政策制定理论分析政策变迁的原因，以及政策是否需要进一步变革，这实际上是对政策进行的一次"预评估"。第三，要鉴别在宅基地置换中谁是受益者，谁是受损者，根据福利补偿理论，受益者要对受损者进行福利补偿，补偿标准是至少保障受损者原有福利水平不变。第四，要界定宅基地置换补偿政策的目标是什么，根据宅基地置换补偿政策的相关文本以及公平正义的政策价值判断，界定宅基地置换补偿政策的目标。第五，以界定了的宅基地置换补偿政策目标为标准，评估宅基地置换补偿政策绩效。

❶　金登.议程、备选方案与公共政策[M].丁煌，方兴，译.北京：中国人民大学出版社，2004：233.
❷　牟杰，杨诚虎.公共政策评估：理论与方法[M].北京：中国社会科学出版社，2006：146.

第六，根据政策绩效评估结果，分析影响政策绩效的机理是什么，对政策绩效有利的因素要继续坚持执行，对政策绩效不利的因素要进行变革。第七，以政策目标为导向，测算宅基地置换补偿政策需要给予农户的具体补偿价格，并与现行政策进行比较，发现其中存在的问题。第八，根据上述政策绩效和影响机理，提出政策优化的具体可操作策略，构建新的政策。第九，用经过优化的新政策去解决目前宅基地置换补偿中存在的问题。

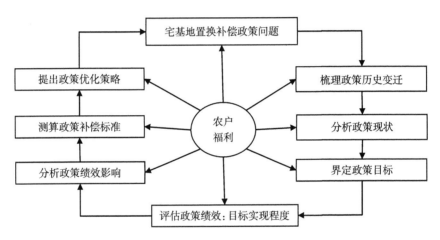

图1.4 宅基地置换补偿政策研究理论分析框架

本书构建的理论分析框架是一个循环过程，政策问题解决需要经历政策问题发现、政策绩效评估、政策优化设计三个主要阶段，并通过这三个阶段解决当前面临的政策问题，但当新的政策问题出现时，需要重复这一过程。政策问题在发展的过程中会不断地以新方式出现，通过本书构建的理论分析框架，能够在一定程度上认清问题的本质，正如威廉·邓恩所说，阐释政策问题是政策评估的关键，如果能够将问题阐释清楚，那就相当于成功了一半。❶ 而解决政策问题前需要以正确的政策目标为标准对政策绩效进行评估，并分析政策绩效的影响机理，从而发现隐藏在政策绩效背后的深层次原因。在发现问题、找到原因之后，应根据一定的测算方法，测算出政策制定的依据，从而为政策优化提供可操作建议，最后用经过优化后的政策去解决目前的政策问题。当新问题出现时，重复上述过程。

1.4 概念界定、研究目标与研究内容

1.4.1 概念界定

1. 农户福利

由于我国宅基地是以户为单位进行分配的，《中华人民共和国土地管理法》第 62 条规定："农村村民一户只能拥有一处宅基地，其宅基地的面积不得超过省、自治区、直辖市规定的标准。"因此，本书以农户作为基本书单位。根据阿玛蒂亚·森对福利概念的界定，农户福利是指农户的"功能性活动"和"可行能力"两个方面。农户功能性活动是指农户认为值得去做的活动或者通过一定活动值得达到的状态。功能性活动既包括功能这种静态的事物，也包括活动这种动态的事物，是两者的结合。例如，健康反映的是功能，运动反映的是活动，在森看来这两者都能被看成福利中的功能性活动组成部分。农户可行能力是指

❶ 威廉·N.邓恩.公共政策分析导论（第四版）[M].谢明，译.北京：中国人民大学出版社，2005：17.

农户根据自身和外在条件，有可能得到的虽然现在尚未实现，但未来可能得到实现的功能性活动集合，即农户的一种选择自由。如在宅基地置换时，一种情况是农户有权在产权置换和货币置换中进行选择，农户选择的结果是产权置换；另一种情况是农户只能在产权置换时选择产权置换，这两种情况反映的农户福利水平是不同的，前者优于后者。宅基地之于农户有经济、居住、保障、环境和心理五个功能，农户享用这五个方面的功能就称之为宅基地之于农户的福利，具体解释见第三章。

2. 宅基地置换

2010 年，国土资源部颁布实施的《关于进一步完善农村宅基地管理制度切实维护农户权益的通知》中提到，宅基地是指农户依法取得的用于建造住宅及其生活附属设施的集体建设用地。宅基地置换是在土地置换、土地整理、宅基地整理、农村居民点整理等相关概念基础上形成的，宅基地置换更加强调"换"，强调类似于物物交易或货币交易的市场交换因素。目前，学者们对其概念有不同的界定：杨建军、阮丽芬认为宅基地置换是中国第三次土地革命，将宅基地置换分成了政府主导的征地模式、市场主导的出租模式及农户主导的农业产业化模式三种模式。❶ 信欣、牛宏艳认为"宅基地置换是指将分散居住的农户集中起来，搬入新建多层或规划合理的住宅小区之中，腾出来农村非农建设用地可以从事其他用途，包括复耕、工业用地等"。❷ 朱林兴认为"宅基地置换，是指农户以三地（承包地、宅基地和自留地）换取具有商品属性的城镇公寓和镇

---

❶ 杨建军，阮丽芬. 农村宅基地置换模式比较与分析——以上海佘山镇、天津华明镇、重庆九龙坡区为例 [J]. 华中建筑，2011（2）：112–115.

❷ 信欣，牛宏艳. 试析"宅基地置换"的变与不变 [J]. 天津经济，2009（6）：29–31.

保（小城镇保险），本质上属于集体土地流转和农户居住方式的变革"。❶ 袁丰
等人认为，宅基地置换是指"农村居民点向中心村或城镇集聚的过程中，政府
在土地利用总体规划的指导下，确定建设用地区，主导农户退出原有农村宅基
地，并将其复垦为耕地或转为其他农业用途，异地置换到中心村或城镇周围建
设农民集中居住区，以实现用途或土地使用者更替的过程，它本质上属于土地
流转和农村居住方式的变革"。❷ 不仅学者们对其概念界定有所区别，各地在实
践中采用的称谓也有所不同，上海、嘉兴等地直接称为宅基地置换，苏州称为
农村住宅置换商品房，天津称为宅基地换房。苏州市人民政府在 2009 年颁布的
《苏州市农村住宅置换商品房实施意见》（苏发〔2009〕48 号）中指出，农村住
宅置换商品房，是指按照城乡一体化发展的要求，以土地利用总体规划、城镇
村规划为依据，以将腾出的农村住宅用地复垦成耕地和落实城乡建设用地增减
挂钩政策为重点。农户自愿将农村住宅同商品房进行交换，由镇政府（街道办）
统一安置到城镇规划区内落户的行为。福建省人民政府 2001 年颁布的《福建省
建设用地土地置换管理暂行规定》（闽政〔2001〕28 号）第二条明确规定，建
设用地土地置换是指依据土地利用总体规划和村庄、集镇建设规划，建制镇、
村镇个人和集体建设所需占用的耕地与整理原依法取得的建设用地所形成的耕
地进行互换的行为。

　　本书综合上述学者观点，根据各地实践经验，将宅基地置换的概念界定为
政府根据土地利用总体规划，通过重新规划中高层住房、给予货币补偿、分配
集中宅基地这三种方式将分散居住的农户集中起来，并将节约出来的建设用地

---

❶ 朱林兴 . 农村宅基地置换的若干问题 [J]. 上海市经济管理干部学院学报，2006，4（2）：1–6.

❷ 袁丰，陈江龙，黄天送，等 . 基于 SCM 的经济发达地区农村宅基地置换研究——以海门市为例 [J].
资源科学，2009，31（8）：1378–1385.

一部分按照原有耕地面积不减少的原则进行复垦，另一部分用于工商业开发的过程。宅基地置换具体包括了宅基地置换和房屋置换两项内容。

上述第一种方式本书称之为产权置换方式，从政府角度对其概念这样界定：地方政府按照中央政府城乡建设用地增减挂钩政策要求，在建新区重新规划中高层集中居住小区，按照一定标准与农户原有宅基地和房屋进行置换，并将通过置换节约出来的建设用地一部分按照耕地占补平衡——原有耕地面积不减少的原则进行复垦，另一部分用于工商业开发，用于工商业开发获得的土地出让收益作为建设包括集中居住小区在内的小城镇设施资金。产权置换方式从农户角度对其概念这样界定：根据政府的动员和要求及农户自己的意愿，居住于拆旧区的农户将所拥有的宅基地及房屋按照一定标准换取政府在建新区经过统一规划的中高层集中居住小区。对于复垦的耕地，农户可以根据自己实际需要选择或者将承包地交还给集体换取社会保障，或者要求重新分配承包地并继续保留承包经营权。此时，农户可以通过承包经营权入股的方式获取租金收益。这种方式以天津的"宅基地换房"最为典型。有时候产权安置时也涉及货币安置，如拆迁奖励费等，但相对来说占的比例很小，所以统一称为产权安置。

本书将上述第二种方式称之为货币置换方式，是指已经在城镇定居的农户不再需要安置房，其可以向政府申请将宅基地和房屋按照评估价格换取一次性货币补偿。

本书将上述第三种方式称之为宅基地置换方式，是指在农户自愿的前提下，政府通过规划选址，划出一块专供农户建造房屋的集中建房区，要将集中建房区的一块宅基地分配给农户供其自建房屋，同时将农户原有的宅基地和住房进行拆迁合并，农户仍然拥有宅基地使用权。这一方式类似于旧村改造、新农村建设、村庄整理等。由于规划好的集中建房区符合农户的居住习惯，再加之社区环境变好，成为宅基地私下交易现象最为突出的一种方式，也是农户最愿意选择的一种方式。例如，在陕西省开展的宅基地置换中，大多数农户选择了宅基地置换方式。❶第一种和第二种方式一般都在近郊村实施，第三种方式一般都在远郊村实施。

虽然目前全国各地实施的宅基地置换在具体内容方面各有不同，但在具体操作流程上普遍遵循了天津"宅基地换房"的基本思路，通过这一思路解决了宅基地置换中的资金和土地流转的平衡的问题。宅基地置换中的资金流转平衡过程见图 1.5。首先，由政府以节约建设用地出让收益作为担保向银行贷款，从而获得宅基地置换的启动资金；然后，将这部分贷款资金用于建设安置小区和对农户的拆迁补偿等；最后，将宅基地置换节约出来的建设用地通过招、拍、挂的方式出让，获得的土地出让金作为归还银行贷款的来源，从而实现资金的闭合平衡运作。

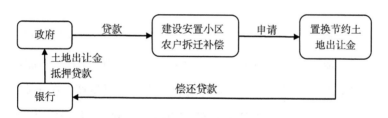

图 1.5　宅基地置换资金流转平衡图

宅基地置换中的土地流转平衡过程见图 1.6。首先，由地方政府编制宅基地置换总体规划和宅基地复垦计划，并报于上级部门请求批准，批准后由政府

---

❶　陕西省探索出增减挂钩工作三种模式 [EB/OL]．（2011–12–30）[2017-08-19]. http：//www.mlr.gov.cn/xwdt/dfdt/201112/t20111230_1052897.htm.

组建小城镇开发建设投资机构，并向国土资源部申请建设用地周转指标；然后，根据村民代表大会通过的宅基地置换补偿方案，农户进行搬迁，政府通过复垦农户原有宅基地获得多余的建设用地指标；最后，政府将这些节约的建设用地指标一部分用于归还批准的建设用地周转指标，一部分通过招、拍、挂方式进行出让，出让收益除归还银行贷款外，国土资源部要求各级地方政府将之全部返还给农户。

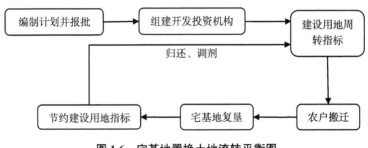

图1.6　宅基地置换土地流转平衡图

从上述资金和土地流转平衡中可以看出，政府给予农户的宅基地置换补偿款来自通过宅基地置换节约出来的建设用地出让金，并且国家明确规定这部分出让金只能用于改善农民生活条件和支持农村集体发展生产。国土资源部2008年颁布实施的《城乡建设用地增减挂钩试点办法》第17条规定"建新地块实行有偿供地所得收益，要用于项目区内农村和基础设施建设，并按照城市反哺农村、工业反哺农业的要求，优先用于支持农村集体发展生产和农民改善生活条件"；2011年颁布实施的《关于严格规范城乡建设用地增减挂钩试点工作的通知》中明确指出，在进行宅基地置换时，要确保土地出让净收益及时全部返还农村。

3. 宅基地置换补偿

在《牛津法律大辞典》中，补偿是指"付给受损害影响的人的一笔钱，如因他们的土地被强制征收"。❶ 同时，学者们也认为需要对合法、正当行为造成的损失予以补偿。❷ 在开展宅基地置换时，必然会对作为宅基地所有权人的集体经济组织、作为宅基地使用权人的农户造成损失，因此需要对集体经济组织与农户进行补偿。由于本书基于农户福利视角，所有研究中的宅基地置换补偿是指地方政府等置换主体对于农户因宅基地置换造成的损失进行的补偿。

一般而言，宅基地置换补偿区别于因基础设施和公益事业进行的征地拆迁补偿，主要是指在城乡建设用地增减挂钩中对拆旧区农户宅基地置换和房屋拆迁的补偿。这是因为政府为了节约成本，在拆旧区进行宅基地整理和房屋拆迁，而在建新区主要征收农用地、未利用地和基础设施建设用地等价格较低的土地来建造安置小区，不涉及宅基地征收。例如，大连市政府网站上公布的《2013年增减挂钩建新地块征地补偿公告》中，没有一项涉及宅基地征收。现有研究存在将宅基地置换补偿与宅基地征收补偿混用的情况，为了方便研究开展，下面对两者的区别加以说明。

宅基地置换补偿不同于宅基地征收补偿，为此，南京市政府于 2007 年专门颁布了《南京市部分地区集体土地非征地房屋拆迁实施意见》对宅基地置换补偿和征收补偿进行区分。无锡市 2009 年颁布的《无锡市市区农村住宅置换安置房实施意见（试行）》中第 3 章规定市区农村住宅置换安置房"原则上参照市重点工程和经营地块涉及集体土地的房屋拆迁补偿安置政策执行"。这说明置换

---

❶ 戴维·M. 沃克. 牛津法律大辞典 [M]. 李双元，等，译. 北京：法律出版社，2003：238.
❷ 刘祥琪. 我国征地补偿机制及其完善研究 [D]. 天津：南开大学，2010：29-30.

补偿与征收补偿存在不同，具体不同点有以下 5 个：① 补偿原因不同。宅基地征收补偿是因为国家出于公共利益需要征收农户宅基地及之上房屋而给予农户的补偿；宅基地置换补偿是因为地方政府需要通过拆除农户宅基地之上的房屋，减少农村建设用地规模，获取城镇建设用地指标，从而给予农户的补偿。这种补偿类似于农户在城乡建设用地市场中出售宅基地及房屋获得的收入，只是宅基地置换市场中的需求者是政府。② 农户补偿谈判权不同。在宅基地征收过程中，国家是以公共利益为目的的。此时，农户对宅基地及房屋所拥有的财产权需要让渡给公共利益 ❶，农户处于被动接受地位，谈判权利较小；在宅基地置换中，指标交易是一种类似市场的行为，在市场中参与者地位平等，虽然宅基地置换市场的购买者是政府，但农户谈判权相对于征收来说有所上升。③ 补偿资金来源不同。宅基地征收补偿资金主要来源于用地单位，宅基地置换补偿资金主要来源于政府以置换后土地出让收益向银行抵押获得的贷款。④ 补偿构成内容不同。所谓宅基地征收是指将农户宅基地及房屋征为国有，农户完全失地失宅，因此需要对农户失去的宅基地与房屋一并补偿。在宅基地置换中，虽然各地方政府鼓励农户进行双置换，即宅基地及房屋置换为城镇商品房，承包地置换为各类社保，但并未强制，农户有权利在房屋置换后仍拥有宅基地使用权与农地承包经营权，因此除了需要对农户房屋进行补偿外，对宅基地的补偿视具体情况不同而不同。

宅基地置换补偿和宅基地征收补偿的构成内容见图 1.7，宅基地置换补偿的构成内容主要由拆迁补偿、搬迁补偿、提前搬迁奖励、临时安置补偿、增值收益补偿和区位补偿 6 个部分构成。其中，除了增值收益补偿是针对宅基地进行的补偿，其余都是针对房屋进行的补偿。宅基地的增值收益一方面来自新增建

---

❶ 胡锦光，王锴.论公共利益概念的界定 [J].法学论坛，2005（1）：10–14.

设用地的出让收益，另一方面来自预留集体建设用地出租等获得的收益。由于
农户仅拥有宅基地使用权，因此只能获得宅基地增值收益补偿的一部分。目前，
增值收益补偿的具体分配，各地在实践中采用不同方法，这也是学者们研究的
前沿问题。在房屋拆迁补偿方面，宅基地置换与征收补偿相同。这是因为各地
在置换实践中，房屋拆迁补偿标准基本参照宅基地征收补偿标准，如湖南省株
洲市政府于 2009 年颁布实施的《株洲市城乡建设用地增减挂钩工作实施细则（试
行）》第 16 条第 2 款明确规定 "拆迁补偿标准参照株洲市宅基地征收补偿标准
执行"。

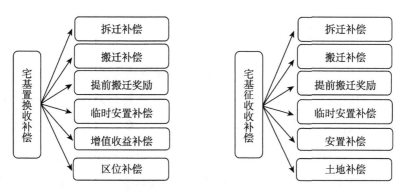

图 1.7　宅基地置换补偿与宅基地征收补偿的构成比较

二者的区别主要体现在区位补偿、增值收益补偿与土地补偿、安置补助的
区别上。这一区别的原因是置换和征收后的土地所有权属性不同：置换后获得
的土地是集体性质，根据 2011 年国土资源部颁布的《关于严格规范城乡建设用
地增减挂钩试点工作的通知》第 4 部分 "增减挂钩试点涉及的土地，原则上应
维持原有土地权属不变" 可知，国家要求在宅基地置换后尽量保持土地集体性
质不变；征收后获得的土地是国有性质。置换补偿由于农户未失去土地使用权，

因此能够获得土地增值收益补偿；征收补偿由于农户失去了土地使用权，因此获得的是安置补助和土地补偿。但大部分地区并不给宅基地以安置补助费，如江苏省规定"征收建设用地和未利用地不支付安置补助费"；但也有少数地区给予宅基地安置补助费，如《河北省土地管理条例》第 46 条规定"建设用地的安置补助费，为该土地所在乡（镇）耕地前三年平均年产值的 4~6 倍。"土地补偿费一般属于被征地集体经济组织所有，对于建设用地的土地补偿费应该如何使用，目前政策很少有相关规定，如《江苏省征地补偿和被征地农民社会保障办法》第 16 条仅规定"将不少于 70% 的农用地土地补偿费支付给 16 周岁以上被征地农民"，但并未对建设用地土地补偿费如何使用进行规定。

4. 宅基地置换补偿政策

国外较早开始研究政策，代表学者们对政策的概念界定获得了广泛的认可。公共行政学的创始人之一，美国学者伍德罗·威尔逊将政策定义为是由拥有立法权的政治家制定，由行政人员执行的法律法规。[1] 政策科学的创始人之一哈罗德·拉斯韦尔将政策定义为是一种含有目标、价值与策略的大型计划。[2] 詹姆斯·E.安德森将政策定义为一个有目的的活动过程，这些活动是由一个或一批行为者为处理某一问题或有关事务而采取的。[3] 国内对政策定义被广泛采纳的是著名政策学家陈振明对政策的定义，他认为"政策是国家机关、政党及其他政治团体在特定时期为实现或服务于一定社会政治、经济、文化目标所采取的政治行为或规定的行为准则，是一系列谋略、法令、措施、办法、方法、条

---

[1] 伍启元. 公共政策 [M]. 香港：商务印书馆（香港）有限公司，1989：13.

[2] Harold D Lasswell, Abraham Kaplan. Power and society：A framework for political inquiry[M]. Piscataway：Transaction Publishers，2013：16–20.

[3] 詹姆斯·E.安德森. 公共决策 [M]. 唐亮，译. 北京：华夏出版社，1990：2–3.

例等的总称"。● 根据陈振明对政策的定义，本书认为宅基地置换补偿政策是指国家机关为补偿农户在宅基地置换中的损失，达到农户原有生活水平不降低、长远生计有保障的目标而制定的一系列法律、法规、规章、条例和实施细则等的总称，即只要在内容中涉及宅基地置换补偿的所有法律法规或者政府文件，都称之为宅基地置换补偿政策。

1.4.2 研究目标

本书的总体目标：从农户福利视角评价宅基地置换补偿政策绩效，初步分析宅基地置换补偿政策绩效的影响因素，并对宅基地置换中的农户福利损失进行货币化计算，为政府优化宅基地置换补偿政策提供理论和实证依据，设计具有针对性和可操作性的宅基地置换补偿政策。为了实现这一总体目标，需要实现以下三个子目标。

第一，揭示宅基地置换中农户福利的构成，构建研究宅基地置换补偿政策理论分析框架，为从农户福利视角评价宅基地置换补偿政策绩效奠定理论基础。

第二，构建农户福利视角下宅基地置换补偿政策绩效评估指标体系，基于模糊评估法评估宅基地置换补偿政策绩效，分析影响机理，为优化宅基地置换补偿政策提供实证依据。

第三，测算宅基地置换中农户福利损失的货币化价值，将此作为宅基地置换补偿款应有的数额，在此基础上设计具有针对性和可操作性的宅基地置换补偿政策。

● 陈振明 . 政策科学——公共政策分析导论 [M].（第 2 版）北京：中国人民大学出版社，2003：37–40.

1.4.3 研究内容

围绕上述三个研究目标，本书分别开展以下五部分内容的研究。

第一，宅基地置换补偿政策历史与现状分析。梳理宅基地置换补偿政策的历史变迁，分析宅基地置换补偿政策现状，从中发现问题并总结规律。根据多源流政策制定理论，分析政策变迁的原因，并分析是否具备了宅基地置换补偿新政策出台的条件，若尚未具备，是什么导致了政策改革的推迟，如何来推动政策的变革。

第二，宅基地置换补偿政策绩效评估理论分析。根据宅基地置换补偿政策相关文本，分析宅基地置换补偿政策的目标，说明农户福利与该目标的契合度，论证能够以农户福利作为政策评估标准。此外，运用森的福利理论分析宅基地置换中农户福利的概念与构成，为后续研究奠定基础。

第三，宅基地置换补偿政策绩效评估与影响机理实证分析。基于可行能力福利理论，构建政策绩效评估指标体系，并确定各指标具体权重的计算方法，在实证调研的基础上，运用模糊评估法评估宅基地置换补偿政策绩效，从政策绩效中发现补偿政策存在的问题，得到在宅基地置换后哪些农户福利未能够得到有效补偿，继而分析政策绩效的影响机理，为政策优化提供方向。

第四，宅基地置换补偿款实证测算。根据福利补偿理论，结合森的福利概念，确定农户在宅基地置换中不同福利损失补偿的测算方法，在实证调研的基础上，具体测算宅基地置换农户福利损失的货币价格，量化农户福利损失。将基于农户福利测算得到的宅基地置换补偿款价格与现行价格进行比较，从中发现两者的区别，为从提高农户福利视角优化宅基地置换补偿政策提供具有操作性的建议。

第五，宅基地置换补偿政策优化设计。根据上述研究结论，总结宅基地置换补偿政策的实质和正式问题，根据政策优化设计流程，设计宅基地置换补偿政策优化方案，并对其进行预评估，从而为政策制定者提供具有可操作性的具体政策备选方案。

1.5　技术路线、研究方法与数据来源

1.5.1　技术路线

根据宅基地置换补偿的现状，确定研究问题，明确农户福利是宅基地置换补偿政策的研究视角、追求目标及绩效评估标准，随后进入研究的基础准备阶段。首先，通过文献综述发现目前研究的动向及存在的问题，为开展本书奠定基础。其次，对本书所需理论进行整理与消化，界定农户福利、宅基地置换、宅基地置换补偿等研究所需的基本概念，构建以阶段性过程为主要特征的宅基地置换补偿政策研究理论分析框架，在此分析框架下开展研究。再次，对宅基地置换补偿政策的历史变迁进行梳理，对政策现状进行分析，从中总结规律、发现问题，以及根据多源流理论预计政策发展的方向，从而更有针对性地进行政策优化设计。最后，根据实证研究需要，设计调查问卷并进行抽样调研，从而获取研究所需数据。

在上述基础研究之后，进入理论分析阶段。此阶段是运用理论分析本书问题的阶段。先根据森提出的可行能力福利理论，确定从农户福利视角评估宅基地置换补偿政策绩效的指标体系，明确各指标权重的计算方法，并根据上述理论和方法分析宅基地置换补偿政策绩效的影响机理。然后，根据福利补偿理论，确定福利补偿思路，以此思路测算宅基地置换中农户福利损失的货币价格。

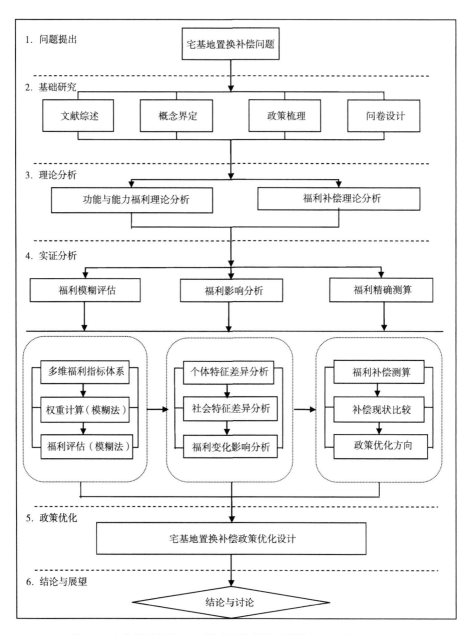

图 1.8　农户福利视角下宅基地置换补偿政策优化研究技术路线图

在理论分析之后，进入实证分析阶段，通过对基础研究部分获取的问卷数据进行整理，根据理论分析部分确定的指标体系、补偿思路等进行实证分析，获得实证分析结果，发现其中存在的问题并获得解决问题的具体措施，为政策优化设计提供现实依据。

在实证分析之后，根据理论与实证分析的结论，优化设计切实有效的宅基地置换补偿政策，为政策改革提供参考。总结本书得到的结论及存在的不足。具体技术路线见图 1.8。

1.5.2 研究方法

1. 历史分析法

历史分析法是指针对研究的某一具体问题进行历史发展脉络梳理，从中发现问题，揭示趋势的一种方法。运用历史分析法是因为事物都是依据一定规律发展的，把事物发展的不同阶段联系起来分析，能够更加清晰地了解问题的根源，预测问题的发展方向。本书以农户福利为梳理线索，运用历史分析法划分不同宅基地置换补偿政策变迁阶段，依据多源流理论分析政策变迁的原因，总结政策变迁的规律，并依据现状预测政策变迁的方向。

2. 社会调查法

社会调查法是指依据预定的目的和计划，向研究对象获取所需资料的方法，通过社会调查法能够收集到第一手数据和资料。本书主要运用社会调查法中的访谈法和问卷法。本书运用访谈法的对象是样本区域各村的村干部，根据访谈提纲，通过与村干部的访谈了解宅基地置换补偿政策在当地实施的具体情况，在实施过程中遇到了哪些问题，了解村干部们对宅基地置换补偿政策的认知，以及他们认为需要从哪些角度解决这些问题。本书运用问卷法的对象是样本农户和城镇居民户，目的是为了收集微观主体农户和城镇居民户的基本信息、家庭状况、宅基地状况等第一手数据。通过该方法获得的数据是本书开展的基础，只有在获得数据的基础上，才能够进行政策绩效评估、影响机理分析及福利补偿价格测算。

3. 定性与定量相结合分析法

定性分析法是指通过语言、文字等规范的方法对事物现象等进行总结和归纳的方法；定量分析法是通过统计数据、模型等计量的方法对事物的运行机理等进行揭示的方法。这两种方法既可以独立运用，也能够合并运用。一般而言，定性与定量分析法两者是相辅相成的，因此本书将两种方法结合起来进行运用。这样能够更加全面准确地把握宅基地置换补偿政策的现象和本质，设计出更加具有现实意义的宅基地置换补偿政策。定性分析法主要体现在对宅基地置换运行机理、宅基地置换农户福利构成等方面，在定性分析的基础上，根据问卷调查获得的数据，运用统计分析、指标评估、数据测算等对宅基地置换补偿政策的绩效、影响机理及福利补偿价格进行定量研究。

4. 对比分析法

对比分析法是指把两个或者两个以上有联系的事物放在一个维度中进行比较，从而达到发现问题、了解差异和认识规律等目的的方法。本书根据不同宅基地置换方式、不同年龄、不同区域发展水平等特征对宅基地置换补偿政策绩效进行对比，从中发现影响宅基地置换补偿政策绩效的因素，为政府制定宅基地置换补偿政策提供方式和区域选择等方面的参考。

1.5.3　数据来源

本书所用数据主要来源于以下四个方面。

第一，通过对农户、城镇居民户以及村干部进行问卷调查，从而获得第一手数据资料，主要调研的地点是长江三角洲和苏州地区，这是本书最主要的数据来源。

第二，通过村干部访谈获得的访谈资料，村干部是置换工作的一线参与者，既能够充分学习上级政府颁发的各类置换文件，又比农户更加了解宅基地置换的整个过程，故对其进行访谈能够获得研究所需的足够信息。

第三，通过查询《中国统计年鉴》《浙江统计年鉴》《江苏统计年鉴》等各地统计年鉴获得数据，通过查阅人大公报和政府公报、江苏第二次农业普查等获得所需数据。

第四，通过各级人大及政府网站的信息公开栏目获得所需数据。

1.6　可能的创新与不足

1.6.1　可能的创新

1. 本书拓展了宅基地之于农户福利概念所包含的范围

虽然目前关于宅基地置换补偿的研究较多，但多数是对现状的描述，是依据现状提出的对策建议。本书结合补偿政策提出的"农户生活水平不降低，长远生计有保障"目标，论证农户福利能够全面衡量上述政策目标，故以农户福利为研究视角。本书在政策研究时，既关注农户现状，也关注农户未来发展。这在一定程度上能够起到拓宽宅基地置换补偿政策研究视角的作用，并能够为政府提供实现政策目标的具体路径。同时，在古典经济学领域，福利即为消费者剩余，以消费变化作为唯一的衡量指标，而宅基地置换不仅会引起农户消费的变化，还会引起农户居住、保障、环境及心理等多方面的变化，因此本书根据森的福利概念界定，将这些方面也纳入农户福利所包含的范围，拓展了宅基地之于农户的福利内涵，同时这也拓宽了可行能力福利理论的运用范围。

2. 本书深化了宅基地置换补偿政策绩效与影响的实证分析

本书基于长江三角洲农户调查数据，采用能够综合评估不同维度指标的模糊评估方法，在找到宅基地置换中农民福利构成因素的基础上，有效评估了宅基地置换前后农户福利的变化，间接评估了宅基地置换补偿政策的绩效。本书通过对具有不同特征农户群体福利变化的对比分析，初步揭示了宅基地置换补偿政策绩效的影响。此外，本书还充分借鉴了已有相关福利研究的实证分析方法，结合宅基地置换对农户福利影响的特殊性，加深了对这一问题的现实认知。

3. 本书优化设计了考虑农户福利的宅基地置换补偿政策

宅基地置换涉及农户、村集体、政府等多方利益，不同经济发展阶段，不同利益主体的受关注度不同。目前，经济发展阶段则是以农户福利最为核心。由于以往的宅基地置换补偿政策并未能达到提升农户福利的目标，因此需要对这类政策按照农户福利为核心进行优化调整。本书在获得苏州市相关调查数据的基础上，测算了依据农户福利应给予的宅基地置换补偿款货币数额，既为政策优化提供了具体可操作的建议，也为即将出台的农村集体房屋拆迁与补偿条例提供了现实参考。

1.6.2　可能的不足

1. 数据方面的不足

本书非常关注农户在宅基地置换前后的各方面状况，但是农户对宅基地置换之前的情况只能是大概估计，并不是非常精准，这可能使研究结论存在一定的局限性和误差。此外，宅基地置换对农户福利的影响既有短期的，也有长期的，但是目前的农户调查所能获得的数据时间相对较短，无法排除其他因素对农户福利影响的干扰。另外，由于研究经费有限，无法在全国大面积进行农户调查研究，而只能先以具有代表性的区域为调查对象，在今后条件允许的状况下再进行更全面的研究。

2. 绩效评估指标体系构建方面的不足

根据森的福利理论，农户福利理应包括很多内容，因此在从农户福利视角评估宅基地置换补偿政策绩效时也应该包括这些方面，但本书仅根据"突出可行能力"比较的原则，选取了宅基地置换后农户福利最易变化的五个方面，并不足以概括农户福利的全部内容，所以得到的评估结果可能存在误差。另外，构建的指标体系中部分指标的变化可能并非是由于宅基地置换而引起的，其他如社会经济发展等因素也会引起这些指标的变化。本书由于资料数据的有限以及进行准自然实验条件的限制，未能将之排除。

3.影响机理分析方面的不足

本书在从农户福利视角分析宅基地置换补偿政策绩效的影响机理时，采用的是对具有不同个人、社会特征的农户群体福利变化比较的方法。该方法只反映了一个趋势，并未能很好地揭示真正的影响方向与程度。目前，国外有采用结构方程模型分析福利的影响机理的相关研究，本书也曾应用此方法进行尝试分析，但可能由于数据数量不足、研究假说理论依据不足等原因，拟合效果并不理想，因此在影响机理揭示方面存在不足。

4.研究视角方面的不足

由于目前农户福利损失严重是宅基地置换补偿政策亟须解决的主要问题，因此本书基于农户福利视角开展宅基地置换补偿政策研究。从这一视角出发既是本书的创新，但同时也存在不足，主要是未考虑社会福利、其他权利主体福利等的变化，仅针对提高农民福利这一方面进行研究，尚存局限性。

1.7 本章小结

本章是开展研究的基础准备章节。

第一，在介绍研究背景以及研究意义的基础上，明确了选择农户福利作为研究宅基地置换补偿政策视角的原因：农户福利受损是众多拆迁恶性事件频发背后的主要原因；保持和提升农户福利水平是宅基地置换补偿政策的核心目标；至少保持农户福利水平不变是福利经济学补偿理论的要求；在现有的宅基地流转模式中，宅基地置换模式下农户经济福利损失最为严重。

第二，对目前与宅基地置换补偿政策、农户福利相关的国内外文献进行综述，通过综述发现现有研究的可借鉴部分，同时探寻现有研究的不足，为本书采用何种方法、从哪一角度去研究提供了基础。

第三，简要介绍研究中所需使用的理论及其运用领域，分别是福利补偿理论，主要用于分析补偿政策的目标，以此作为政策评估标准；福利评估理论，主要用于界定农户福利概念与构成，构建福利评估指标体系；政策评估理论，主要用于分析政策评估的流程与方法；多源流政策制定理论，主要用于分析宅基地置换补偿政策变迁的原因以及预测政策变迁的方向。

第四，根据上述理论，借鉴政策回溯性分析框架，构建本书的理论分析框架，显示各章节的逻辑关系，将价值、理论和方法三者结合在一个框架中。依据该分析框架，开展政策研究时需要的步骤：① 发现政策问题的情境，即现象问题；② 对政策变迁进行梳理，鉴别补偿政策中的利益相关者，明确补偿政策的目标；③ 依据目标实现程度评估政策绩效；④ 分析政策绩效的影响机理，并对政策补偿内容进行量化测算，得到解决政策问题的具体优化策略；⑤ 解决发现的政策问题。若有新的政策问题出现，就要重复上述过程。

第五，界定了研究所用的主要概念，根据森的福利理论界定农户福利概念，根据文献观点与实践操作界定宅基地置换概念，根据著名政策分析学者的观点界定宅基地置换补偿政策概念。随后，提出了本书的主要目标和子目标，并根据上述目标确定了研究内容设计了研究的技术路线，以此路线来实现上述研究目标。

第 2 章　宅基地置换补偿政策历史 嬗变与现状分析

　　自 1950 年政务院颁布《城市郊区土地改革条例》以来，宅基地置换补偿政策呈现出渐进、螺旋变迁的趋势，稳定性和变迁性成为该政策变迁过程的两大特点。最初带有阶级色彩的土地政策倾向于无条件保护农户福利，表现为将没收所得土地及地上财产分配给贫苦农户，并要求对因国家建设需要征用农户的土地给予公平合理的补偿。自此，以保护农户福利为目标的宅基地置换补偿政策开始形成，但各个阶段政策的侧重点不同。宅基地置换补偿政策经过 60 多年的发展变迁，仍被认为存在补偿标准偏低，缺乏一定公平性等问题。本章以农户福利为线索，通过梳理宅基地置换补偿政策的历史变迁进程，总结政策形成原因，通过分析宅基地置换补偿政策的现状，发现存在的问题，并试图揭示政策发展的方向。

　　2000 年，中央和国务院出台《关于促进小城镇健康发展的若干意见》，要求各级地方政府实现耕地占补平衡。自此之后，城镇发展用地逐渐从依靠征用农地转向依靠节约农村建设用地。由于国家规定农地征用按照年产值倍数进行补偿,低廉的征地成本促使地方政府大规模征用农地,这不仅导致了城中村现象,还导致了耕地规模迅速减少。在此背景下,国家为了实现城镇发展和耕地保护的双赢,提出了耕地占补平衡、土地整理、城乡建设用地增减挂钩等城镇建设用地新方式,自此宅基地置换工作在各地广泛开展。由此可见,宅基地置换是在征地框架下形成的。苏州市在 2009 年的《苏州市农村住宅置换商品房实施意见》中明确指出"对置换农户的拆迁安置补偿执行当地被征地农民同等的拆迁安置补偿标准",因此宅基地置换补偿政策也延续着宅基地征收补偿政策的思路。

由于宅基地置换补偿政策是在宅基地征收补偿政策框架中形成的,但又区别于宅基地征收补偿(具体见概念界定部分),因此本章以农户福利为线索,将补偿政策历史变迁梳理分成两部分:一部分是在宅基地置换前,梳理宅基地征收补偿政策的变迁;另一部分是在宅基地置换后,梳理宅基地置换补偿政策的变迁。另外,需要说明的是,在政策法规文本中出现的基本是"农民"一词,而本书的对象是"农户",看似两者冲突,实则不然。因为本章不涉及实证分析,故"农民"和"农户"两词虽然混用,但代表的意义相同。

2.1　宅基地征收补偿政策历史嬗变

2.1.1　无条件补偿各种福利阶段（1950—1952 年）

这一阶段处于土地改革时期,实际上并不归属于补偿阶段,但根据以下两点原因将其纳入梳理:一是,从历史完整性和延续性考虑;二是,从封建社会农户土地受到了严重剥削角度考虑,将土地分配给农户也算作是一种补偿。此阶段国家无条件保护农户的宅基地及房屋。1950年的《城市郊区土地改革条例》第8条规定："中农（包括富裕中农在内）、贫农、雇农在城市郊区的土地及其他财产，均予保护不动。"不仅如此，国家还将没收和征收得来的土地和房屋由农民协会分配给农民，并以户为单位统一向农民发放土地房屋所有证。上述规定和做法体现了国家对农户福利的无条件保护。

2.1.2　主要补偿居住福利阶段（1953—2000年）

从整体上来看，1953—2000年属于主要补偿居住福利阶段，根据其他福利补偿的不同，将这一阶段细分如下。

1. 主要补偿居住福利，其他福利低价补偿征用阶段（1953—1981年）

这一阶段宅基地征收补偿标准主要依据1953年由国家政务院颁布施行的《国家建设征用土地办法》。其中，对于房屋补偿依据的是第8条。该条文规定对农民房屋的征用，按照现状给予公平合理的补偿，在实践中表现为实物补偿，这反映出国家对宅基地居住福利的重视。对于农村宅基地的补偿依据的是第14条和第15条，两条结合起来可以解读为国家通过注销土地房屋所有权证的方式，以少量征地补助费将农民所有的宅基地征为国有。这反映了国家对农户宅基地所有权的低价征用，以及对宅基地其他福利的忽视。

1958年，国务院颁布了《国家建设征用土地办法》修正案。其中，第7条第一次明确提出了房屋拆除后要保证农民有房可住，而且要求尽可能不拆或者少拆房屋。这进一步表明居住福利是国家宅基地征收补偿的主要内容。

此阶段是人民公社的形成和发展阶段，也是宅基地所有权和使用权相分离的阶段，对土地收益分配的影响体现为土地补偿费或者安置补助费根据所有权主体不同而区别给付，属于合作社的发放给合作社，属于个人的发放给个人。该办法一直沿用至 1982 年。

2. 主要补偿居住福利，否定其他福利阶段（1982—1998 年）

这一阶段的宅基地征收补偿标准主要依据 1982 年由全国人大常委会颁布的《国家建设征用土地条例》。该条例反映了当时以经济发展为中心，效率优先、兼顾公平的公共政策价值取向。这可以从第 4 条 "被征地社队的干部群众应当服从国家需要，不得妨碍和阻挠" 直观看出，1998 年的《土地管理法实施条例》更是规定 "征地补偿、安置争议不影响征用土地方案的实施"。对于房屋，1982 的条例第一次明确了以土地附属物形式补偿，并进行划地自建或者统拆统建，具体补偿标准要求各省、自治区、直辖市人民政府根据当地实际情况制定，这奠定了宅基地置换补偿的雏形。据此要求，山东、江西、北京和天津等地方政府相继出台贯彻实施办法。这些实施办法中农村房屋补偿普遍采用折价和建同等质量房屋的方式。值得注意的是，各地均明确规定因土地征收产生的收益不得分给个人，原因是农村土地所有权属于集体，农户只拥有使用权。对于宅基地，仅支付宅基地补偿费而不支付安置补助费，宅基地补偿费各地普遍按照良田的补偿标准。

1986 年的《土地管理法》和 1998 年第一次修订的《土地管理法》除了规定提高每亩被征用耕地的安置补助费外（至 1998 年提高到了耕地被征用前三年平均年产值的 6~10 倍），对于宅基地征收补偿并未做出实质性的改变。由此可见，这一阶段国家仅针对居住福利进行补偿，否定了宅基地的其他福利。

3. 主要补偿居住福利，探索补偿经济福利阶段（1999—2000 年）

1999 年，由国土资源部颁布实施的《关于加强征地管理工作的通知》首次提出"各级土地行政主管部门要积极探索货币安置、社会保险方式安置等途径，形成以市场为导向的多种途径安置机制"，而且还允许经济发达地区或城乡接合部的集体经济组织预留一部分被征收的国有土地，用于发展农业生产和经营。上述条款表明国家开始探索对包括宅基地在内的农村土地的经济福利补偿。这种经济福利补偿主要体现为对拆迁安置不再只采用统拆统建和划地自建两种方式，虽然增加了货币补偿安置方式，但对农民将住宅改为经营用房的，仍然按照住宅用途进行补偿，如 2000 年成都市人民政府颁布的《成都市征地补偿安置办法》第 25 条。由此可见，对经济福利的补偿是初步的、不完整的。

2.2 宅基地置换补偿政策历史嬗变

2.2.1 主要补偿经济福利阶段（2001—2006 年）

从整体上来看，2001—2006 年属于主要补偿经济福利阶段，根据其他福利补偿的不同，将这一阶段细分如下。

1. 福利补偿模糊阶段（2001—2002 年）

虽然 2000 年以后有地区开始根据城乡建设用地增减挂钩政策的要求进行宅基地置换，但这一阶段是宅基地征收补偿与宅基地置换补偿的衔接阶段。国家层面并未出台专门针对宅基地置换的补偿政策，许多地方在开展宅基地置换时，仍然沿用宅基地征收补偿政策。这佐证了公共政策的时滞性特征。由于本书的中心内容是宅基地置换补偿政策，故 2000 年以后的梳理对象不再是宅基地征收补偿政策，而是宅基地置换补偿政策。

地方政府中最早出台宅基地置换政策的是福建省，福建省人民政府在 2001 年出台了《福建省建设用地土地置换管理暂行规定》，但其中关于补偿问题只作了原则性的规定，具体为第 7 条和第 8 条。这两条可以概括为宅基地置换采取农民自行拆除和自行复垦方式，政府统一规划位于小城镇、中心村的集中居住小区供农民置换后居住。2002 年，北京市国土资源和房屋管理局也出台了《关于加快实施土地置换和土地周转有关问题的通知》，但其并未涉及如何补偿进行宅基地置换的农民。由上可知，这一阶段处于宅基地置换补偿政策的模糊期，各地都在实践中不断地探索适合自己的补偿方式。

2. 突出补偿经济福利阶段（2003—2006 年）

经过三年时间的探索，2003 年北京市政府颁布了《北京市宅基地房屋拆迁补偿规则》，要求按照宅基地区位补偿价、被拆迁房屋重置成新价对置换宅基地及房屋进行补偿。其中，宅基地区位补偿价依据同一地区普通商品住宅均价计算。虽然房屋仍然按照重置价补偿，但对宅基地的补偿不再依据农地征用补偿标准，而是依据区位补偿价，这体现了对经济福利的补偿。自此，农村宅基地房屋拆迁不再依附于征地，具体表现为相关政策不再冠以征地之名，可以独立存在，宅基地置换补偿政策正式形成。

根据 2005 年国土资源部通过的《关于规范城镇建设用地增加与农村建设用地减少相挂钩试点工作的意见》，天津、浙江和江苏等多个省市成为宅基地置换的试点地区，宅基地置换在全国范围内展开。但这一阶段的补偿仍延续着征地补偿的思路。上述意见中提出宅基地置换补偿要落实 2004 年国务院颁发的《国务院关于深化改革严格土地管理的决定》，而这一决定是针对征地补偿而言的。这是第一次以正式文件的形式提出征地补偿安置要做到使被征地农民生活水平不降低，长远生计有保障，并规定要按照统一年产值标准或区片综合地价制定补偿标准，做到同地同价，对有稳定收益的项目，农民还可以根据建设用地土地使用权入股，选择入股安置的方式。这些都体现了国家对宅基地置换农户经济福利的重视。2006 年，安徽省人民政府颁布实施了《安徽省建设用地置换暂行办法》，但并未对具体补偿做出明确规定，只是要求宅基地置换用地单位要向农户补偿土地差价、地上附着物价以及进行拆迁安置。

2.2.2 补偿多种福利阶段（2007 年至今）

从整体上来看，2007 年至今属于补偿多种福利阶段，根据具体内容的不同，将这一阶段细分如下。

1. 补偿经济、居住、保障福利，初次涉及心理福利阶段（2007—2009 年）

各地广泛开展宅基地置换试点后，2007 年国土资源部颁布实施的《关于进一步规范城乡建设用地增减挂钩试点工作的通知》规定，在宅基地置换中要"尊重农民意愿，切实保障农民合法权益"，这体现了国家对农民意愿的尊重及农民在宅基地置换中拥有了更多的谈判权。上述通知进一步规定对宅基地置换中的农民采用集中安置方式的，要从实际出发，方便农户的生产生活，这体现了国家在对农户居住福利补偿的同时，也开始重视农户的心理福利。值得注意的是，通知提出"建新地块中实行招标拍卖挂牌供地所得收益，要按一定比例返还农村，支持农村集体发展生产和经济"，这体现了对农户经济福利的补偿。同年出台《中华人民共和国物权法》（以下简称《物权法》），其中第 42 条第 2 款规定："征收集体所有的土地，应当依法足额支付土地补偿费、安置补助费、地上附着物和青苗的补偿费等费用，安排被征地农民的社会保障费用，保障被征地农民的生活，维护被征地农民的合法权益"，这体现了国家对农户保障福利的重视；第 3 款规定："征收单位、个人的房屋及其他不动产，应当依法给予拆迁补偿，维护被征收人的合法权益；征收个人住宅的，还应当保障被征收人的居住条件"，这体现了国家重视补偿农户的居住福利。2008 年，国土资源部颁布实施的《城乡建设用地增减挂钩试点管理办法》并未对宅基地置换补偿做出调整。

2009 年，天津市作为第一批城乡建设用地增减挂钩试点城市，市政府颁布实施了《天津市以宅基地换房建设示范小城镇管理办法》。该置换办法得到了中央的肯定，并成了各地制定宅基地置换办法的学习范本。其中，第 5 章专门针对置换补偿和管理进行了规定：对于房屋补偿，要求委托房屋评估机构评估后给予补偿；对于宅基地补偿，采用置换按照农民意见进行设计的城镇商品房的方式补偿，这是政府对农户经济、居住和心理福利的补偿。此外，这一范本还对承包地的互换、转让等流转做出了规定，允许农民将承包地退回给集体经济组织，给予社保等补偿，这体现了对置换农户保障福利的补偿；但对宅基地置换补偿内容只做了原则性规定，授权乡镇人民政府制定具体置换办法。

2. 根据农户选择补偿不同福利阶段（2010 年至今）

针对在宅基地置换中出现的问题，2010 年国务院颁布实施了《关于严格规范城乡建设用地增减挂钩试点切实做好农村土地整治工作的通知》。此文件第一次提出要将增减挂钩获得的土地增值收益全部返还农村，进一步保障了农户的经济福利。其中，第 7 条规定严禁强迫农民住高楼，要为农民提供多种建房选择，并要求置换住房保持农村特色和风貌，要尊重农民意愿并考虑农民实际承受能力，防止不顾条件盲目推进、大拆大建。这些都体现了对农户经济、心理福利的补偿，这种选择自由本身也是一种更高层次的福利。2011 年，国土资源部颁布实施了《关于严格规范城乡建设用地增减挂钩试点工作的通知》，第一次提出宅基地置换要以促进农村生产生活条件改善和环境保护为目标，体现了对环境福利的补偿。其中，第 4 部分规定宅基地置换要切实维护农民合法权益，在土地互换和开发经营方式、旧房拆迁、新居建设等方面为农民提供多种选择，严禁强拆强建，严禁强迫农民住高楼，这体现了对农民居住和心理福利的补偿，并赋予了农民更多的选择权。除此之外，该通知还规定要向农户发放土地权利证书及农村土地承包经营权证等，保障农民土地的用益物权，这体现了对农户经济福利的补偿。通过对上述政策的梳理，农户自由选择福利补偿这一补偿新趋势正在逐步明确。

2.3 宅基地置换补偿政策历史嬗变规律

纵观以农户福利为线索的宅基地置换补偿政策变迁进程，可以得到其中的规律，具体规律如下。

2.3.1 补偿内容不断扩充

虽然在中华人民共和国成立初期，国家无条件保护农户的所有福利，但这与当时第一次土地改革的要求相符合，不能说明补偿内容最全面，正是依靠对农户土地权益的保护，中国共产党巩固了政权。1953—1981 年这段时间，我国经历了社会主义改造，从新民主主义社会过渡到了社会主义社会，土地作为最基本的生产资料所有权属于集体，农户只有使用权。在此历史时期，政府征收宅基地仅对农户补偿居住福利，对其他福利低价剥夺是符合历史大背景的，当时甚至出现了农户不需要征地补偿费的情况。❶ 随着改革开放进程的推进，国家以经济建设为中心、让一部分人先富起来的价值取向，使宅基地之于农户的经济等其他福利得不到有效的补偿。到了 20 世纪 90 年代中后期，经济快速发展带来的社会矛盾开始集聚，国家重新回归到效率和公平兼顾的价值取向上来，因此对农户同时补偿居住和经济福利。2000 年开始，我国面临粮食安全问题，为了保护耕地，政府出台城乡建设用地增减挂钩政策，处于与宅基地征收补偿过渡期的宅基地置换补偿政策呈现出模糊性。2004 年，国家提出工业"反哺"农业，城市"反哺"乡村的要求，宅基地置换开始重视对经济福利的补偿。2007 年，我国通过的《物权法》，明确了宅基地使用权属于用益物权范畴，用益物权包括占有、使用、收益及处置等权能，因此宅基地置换补偿内容扩充，扩充为对经济、居住、保障、环境和心理等福利的共同补偿。

2.3.2　补偿思路趋向关注农户自由、权利和发展

森将福利与自由的概念结合了起来，认为以人为中心，最高的福利标准就是自由，福利就是每个人都能够有权利按照自己的标准选择最优的组合。宅基地置换补偿政策发展至 2010 年以后，在置换方式上不再统一规定，而是给予农

---

❶　详见 1958 年《国家建设征用土地办法（修正）》关于国家建设征用土地办法修正草案的说明。

户在货币置换、产权置换及宅基地置换等多种方式中选择的自由，农户的福利
得到补偿。同时，宅基地置换更加尊重农户的意愿。倘若集体经济组织不同意
进行宅基地置换，那么置换就无法开展，这体现出农户拥有了更多的谈判权。
在宅基地置换补偿中，允许预留一部分建设用地，采取农户入股的形式开发，
农户可以享用土地股份分红，这是对农户土地发展权的补偿，让农户能够获得
土地增值收益。

2.4　宅基地置换补偿政策历史嬗变原因与预测

2.4.1　转折性、代表性宅基地置换补偿政策

在上文梳理分析的基础上，将具有转折点和代表性特征的政策及其内容
归纳如表 2.1 所示。表中将上文细化的宅基地置换补偿变迁阶段合并为无条件
保护福利阶段、补偿居住福利为主阶段、补偿经济福利为主阶段，以及补偿
多种福利阶段。

表 2.1　不同阶段转折性与代表性政策及其内容

阶段	时间	部门和政策	内容
无条件 保护福利 （1950—1952 年）	1950 年	政务院《城市郊区土地改革条例》	第 8 条：中农（包括富裕中农在内）、贫农、雇农在城市郊区的土地及其他财产，均予保护不动； 第 9 条：所有没收得来的房屋，除大建筑及风景区的别墅等不适合于农户居住的房屋应留作公用外，其余均应分配给农户所有，以解决贫苦农户住房缺乏的困难

阶段	时间	部门和政策	内容
补偿居住福利为主（1953—2000 年）	1982 年	人大常委会《国家建设征用土地条例》	第 4 条：国家建设征用土地，凡符合本条例规定的，被征地社队的干部和群众应当服从国家需要，不得妨碍和阻挠； 第 9 条：青苗补偿费和被征用土地上的房屋、水井、树木等附着物补偿费的标准，由省、自治区、直辖市人民政府制定； 第 10 条第 4 款：征用宅基地的，不付给安置补助费； 第 14 条：征用土地拆迁集体的和社员的房屋时，由生产队或房屋所有者按照社队的统一安排进行重建
补偿经济福利为主（2001—2006 年）	2004 年	国务院《关于深化改革严格土地管理的决定》	第 12 条：完善征地补偿办法。县级以上地方人民政府要采取切实措施，使被征地农民生活水平不因征地而降低。省、自治区、直辖市人民政府要制定并公布各市县征地的统一年产值标准或区片综合地价，征地补偿做到同地同价； 第 13 条：妥善安置被征地农户。县级以上地方人民政府应当制定具体办法，使被征地农户的长远生计有保障。对有稳定收益的项目，农户可以经依法批准的建设用地土地使用权入股
补偿多种福利（2007 年至今）	2011 年	国土资源部《关于严格规范城乡建设用地增减挂钩试点工作的通知》	第 1 部分：以促进农村生产生活条件改善和环境保护为目标，以切实维护农民权益、促进农民增收致富为出发点和落脚点； 第 4 部分：严禁强拆强建，严禁强迫农户住高楼。确保收益返还农村。依法保障农户土地的用益物权

2.4.2　政策变迁原因：问题、政策与政治三大源流的汇聚

美国著名政策科学家和政治学家约翰·金登于 1995 年提出了多源流政策过

程分析框架（MS）❶，该分析框架可以用于解释政策是如何形成的（具体内容可见第 3 章）。金登认为在整个政策系统中普遍存在问题、政策和政治三个源流，当三者结合时就很有可能产生一项政策，图 2.1 显示了该模型的基本架构。可运用多源流政策分析方法，对宅基地置换补偿政策变迁原因进行分析，从中总结规律并预测发展方向。

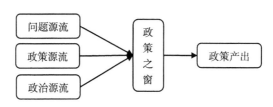

图 2.1　金登的多源流政策分析方法

1. 1950 年，《城市郊区土地改革条例》出台的多源流分析

首先，分析问题源流。中华人民共和国成立初期，中贫农长期受到封建制度的剥削及帝国主义的侵略和压迫，生活处于崩溃的边缘，其生活窘迫的一个重要原因是没有土地或只有少量土地，无法依靠农业来维持自己基本的生活，因此无地和少地成为该政策出台的问题源流之一。另外，经过多年内外战争，当时的中国经济落后，百废待兴，发展工商业需要用地，因此经济发展落后成为该政策出台的问题源流之二。

其次，分析政策源流。根据政治领袖通常是政策议程主要决定者的特点❷，

---

❶　John W. Kingdon. The policy window, and joining the streams[J]. Agendas, Alternatives, and Public Policies, 1995 : 165–195.

❷　朴贞子，金炯烈 . 政策形成论 [M]. 济南 : 山东人民出版社，2005 : 148.

该时期的政策源流主要来自于政党领袖，作为中国共产党领导人的毛泽东于
1947 年发表了《目前形势和我们的任务》提出了土地改革必须满足贫农和雇农
的要求和必须坚决地团结中农的两条基本原则，1948 年继续提出土改总路线是
依靠贫农、团结中农。

最后，分析政治源流。当时贫雇农要求分得土地的情绪高涨，他们要求分
地的情绪是政治源流之一。据历史资料记载，有 70% 的贫雇农参加了土改，并
因此获得了土地；同时，中国共产党作为新的政党站上政治舞台，其代表的是人
民群众利益，故希望能够将宅基地及房屋分配给农户，这是政治源流之二。这三
股源流汇聚于 1950 年召开的政务院第五十八次政务会议，政策之窗打开，自此《城
市郊区土地改革条例》出台。

2. 1982 年，《国家建设征用土地条例》出台的多源流分析

首先，分析问题源流。1978 年，中国共产党十一届三中全会确定改革开放
后，我国由计划经济开始向市场经济过渡，效率优先成为各行各业的价值取向，
仅对农户居住福利补偿，能够减少征地成本，促进城镇化。这表现为该条例中
规定"群众应当服从国家征地需要，不得阻挠"，并一直沿用至 1998 年《土地
管理法》出台，故农户不满利益牺牲是问题源流。

其次，分析政策源流。同样来自于党和国家领导人的讲话，邓小平同志在
1978 年十一届三中全会上发表了《解放思想，实事求是，团结一致向前看》的
讲话，提出"在经济政策上，允许一部分地区、一部分企业、一部分工人农户，
生活先好起来，然后再带动其他地区、其他单位的人们"，这成了政策源流。

最后，分析政治源流。1976 年，"文化大革命"中的"四人帮"得以粉碎。
1978 年，党的十一届三中全会增选了一批中央政治局常委和中央委员，这成了

政治源流。这三股源流汇聚于 1982 年召开的第五届全国人大常委会，政策之窗打开，自此《国家建设征用土地条例》出台。

3. 2004 年，《关于深化改革严格土地管理的决定》出台的多源流分析

首先，分析问题源流。上文已分析，耕地保护和城镇发展两难问题是该政策出台的问题源流。

其次，分析政策源流。该时期的政策源流一方面来自于学者，在中国知网上搜索 2004 年之前以"耕地保护"为题的文章有 350 篇，以"被征地农户权益保护"为题的有 629 篇。学者们普遍提出要界定征地的公共利益性质，保障被征地农户的财产等权利。该时期源流的另一方面来自于第十届全国人民代表大会通过的《中华人民共和国宪法》(以下简称《宪法》)，明确提出"国家保护合法的私有财产"。

最后，分析政治源流。2004 年 10 月中旬，国务院召开了常务会议，讨论了《国务院关于深化改革严格土地管理的决定》，这次会议可以看成是政治源流。在这三股源流的作用下，政策之窗打开，《关于深化改革严格土地管理的决定》出台。

4. 2011 年，《关于严格规范城乡建设用地增减挂钩试点工作的通知》出台的多源流分析

首先，分析问题源流。城乡建设用地增减挂钩实施后，多地在房屋拆迁中出现了个别聚众围攻、冲击执行人员等对抗拆迁的恶性事件，这成了问题源流。

其次，分析政策源流。一方面同样来自于学者，另一方面来自于最高人民

法院出台的《关于坚决防止土地征收、房屋拆迁强制执行引发恶性事件的紧急通知》，其对执行强拆做了严格限制。

最后，分析政治源流。由于个别强拆事件引发了，群众反对拆迁的情绪，这属于依托于国民情绪而形成的政治源流。在这三股源流的作用下，政策之窗打开，《关于严格规范城乡建设用地增减挂钩试点工作的通知》出台。

2.4.3　政策变迁预测：出台有关宅基地置换与房屋拆迁补偿的政策

1. 问题源流

问题源流之一来自于对现行项目的绩效评价，这点上文已做总结，具体是目前宅基地置换补偿政策普遍存在政策制定依据不明确、保障福利补偿不体现、经济福利补偿不充分，以及产权置换补偿不符实的问题。问题源流之二来自于个别拆迁事件引发的民众的对抗情绪。由此可见，集体土地房屋拆迁补偿政策出台具备了问题源流。

2. 政策源流

政策源流之一是国家正在修改《土地管理法》，作为调整农村集体土地的法律，只有上位法修改了，才有可能出台相关政策条例。政策源流之二是政策共同体的政策建议，在我国所谓政策共同体是指一个包含了政府官员、学者及政府研究机构中研究人员等的网络。他们共同关注一个问题，形成了不同的政策建议。本章将政策共同体中具有代表性成员的观点进行了总结，具体见表 2.2。从表中可以看出，政策建议普遍集中在要求提高宅基地置换过程中对农户的补偿标准，赋予农户更多财产权，允许农户从宅基地上市流转中获得财产性收益。

表 2.2　政策共同体的政策建议

共同体	时间	政策建议
政府官员	2011.3	2011 年，两会提交《对集体土地上房屋拆迁补偿加快立法》提案，修改《土地管理法》，缩小征地范围，允许农村集体土地直接进入市场
	2011.11	2011 年，中央农村工作会议时的讲话提到，不能把城镇的居民小区照搬到农村去，不能赶农户上楼
	2012.3	2012 年，"两会"提交修改《土地管理法》提案，明确农户房屋补偿，保证农户生存权和发展权
	2013.6	2013 年，于中国农业大学的报告中提出在遵循"一户一宅，所有权归集体，使用权归农户"原则的前提下，改革和完善现行宅基地制度，提高对农户的补偿标准
学者	2012.8	发表于《商界评论》的文章，提出确立农户对土地的产权和决策权
	2013.3	2013 年，"两会"提案，修改《土地管理法》，在符合规划和用途管制前提下，允许农村集体经营性建设用地出让、租赁和入股，实行与国有土地同等入市、同权同价
政府机构研究员	2011.2	发表于《开放导报》的文章，提出实现农村集体土地与城市国有土地同地同权同价，征地过程中对农户财产权进行补偿
	2011.8	发表于《国土资源科技管理》的文章,提出宅基地换房要创新补偿方式,提高补偿标准，保障农户的可持续发展

3. 政治源流

某些宅基地置换补偿问题已经由问题源流上升至了政治源流，个别宅基地置换补偿问题引发的冲突事件已经引起了中央政府的重视。从 2012—2013 年，中央"一号文件"、国务院常务会议、政府工作报告中提到要制定出台集体土地征收补偿条例的有 4 次，具体见表 2.3，从次数中可以看出中央政府对此问题的重视程度。虽然这些涉及的是农村集体土地征收补偿问题，但从上文分析可知，宅基地置换补偿诞生于征地补偿框架中，并且一直以来，以征地补偿标准为重要参考，因此可将征收补偿的政治源流视为置换补偿的政治源流。

表 2.3　关于农村集体土地征收补偿条例出台的政治源流

时间	会议	内容
2012.2	中央一号文件	加快修改"土地管理法"，完善农村集体土地征收有关条款，健全严格规范的农村土地管理制度
2012.2	国务院常务会议	将制定出台农村集体土地征收补偿条例列为 2012 年改革的重点工作之一
2012.3	"两会"政府工作报告	制定出台农村集体土地征收补偿条例
2013.3	"两会"政府工作报告	维护农户权益，为完善农村集体土地征收补偿制度做了大量准备工作

　　经过上述分析可知，出台农村宅基地置换与房屋拆迁补偿政策已经具备了问题、政策和政治三大源流。当这三大源流汇合时，政策之窗即开启。那么，既然政策之窗已经开启，补偿问题进入了议事日程，为何至今尚未出台？对于解释这一问题，金登提出可供选择的政策方案细化程度和政策活动家的行动是影响政策最终是否出台的两大原因。❶据此分析，补偿政策至今尚未出台的原因之一是政策方案不够细化，基础准备工作未完成。虽然学者、两会代表等都提出了关于补偿政策修改的建议，但缺乏可操作方案，使得政策方案脱离实际，无法细化。同时，若要达到学者提出的集体土地与国有土地同地同权同价目标，

---

❶　保罗·A·萨巴蒂尔.政策过程理论 [M].彭宗超，译.北京：三联出版社，2004：100.

首先，要先完成宅基地等集体土地的确权发证工作，而目前这项工作尚未完成，其次，要完成《土地管理法》的修订，目前这项工作也还未完成。补偿政策至今未出台的原因之二是地方政府一定程度的不配合。目前，地方政府一部分收益依靠土地财政，2013 年地方政府土地出让金的收入突破了 4 万亿元人民币 ❶，因此对于提高宅基地等农村集体土地征收和置换补偿标准并不支持。

综上所述，有关农村宅基地置换与房屋拆迁补偿政策已经进入议事日程，但由于准备工作尚未完成，故距离正式出台还有一段时间。本书写在政策即将出台之前，通过运用实证调研所得数据，提出解决上述政策存在问题的方案，这对即将出台的政策具有一定的参考意义。

2.5 宅基地置换补偿政策现状分析：基于立法机关的政策文本

政策文本能够最为直观地反映宅基地置换补偿的现状，虽然在实践操作中，存在有不遵照补偿政策文本执行补偿的情况，但政策文本分析仍是了解宅基地置换补偿现状的有效途径。下文也将通过实证分析了解宅基地置换补偿的现状，从而提出政策优化建议。上文在概念界定中指出，宅基地置换补偿政策是指所有内容涉及置换补偿的规范性文件，但由于以下两方面原因，本书基于立法机关的政策文本进行分析：一方面，立法机关的政策文本涵盖范围相对广，而且容易查询。立法机关的政策文本既包含了全国层面的政策文本，也包含了各省、

---

❶ 刘畅 . 全国"土地财政"明显升温 [EB/OL].（2014-03-01）[2017-05-08]. http：//house.people.com.cn/n/2014/0301/c194441–24499690.html.

自治区、直辖市和较大的市的政策文本，能够从整体上反映我国补偿政策的现状，而且具有立法权的机关网站建设相对较好，信息公开程度高，资料搜集方便；另一方面，立法机关制定的政策文本具有权威性和指导性，特别是其中的立法性质政策文本是其他政策文本制定的依据和基础。

　　本书的立法机关是指广义上的立法机关，是具有立法权的各层级国家机关，既包括了权力机关，也包括了行政机关。就国家层级而言，根据《中华人民共和国立法法》第 7 条、第 57 条及第 71 条规定，全国人民代表大会及其常务委员会有权颁布法律，国务院有权颁布行政法规，国务院各部委有权颁布部门规章。由此可知，国家层级立法机关制定的宅基地置换补偿政策文本包括以下三部分：一是国家法律，外在表现为颁布机构是全国人民代表大会或其常务委员会，发文字号是主席令；二是国务院行政法规和其他规范性文件（是指由国务院颁布的除行政法规外的其他文件，下文中的其他规范性文件内涵与此类似，不再进行解释），外在表现为颁布机构是国务院，发文字号是国务院令、国务院发（包括国务院转发的政策文本）等；三是部门规章和部门其他规范性文件，外在表现为颁布机构是国土资源部等各部委，发文字号为国土资源部令、国土资发等。就地方层级而言，根据《中华人民共和国立法法》第 63 条和第 73 条规定，省、自治区、直辖市、省和自治区人民政府所在地的市、经济特区所在地的市、经国务院批准的较大的市的人民代表大会及其常务委员会有权制定地方性法规；上述地方的人民政府，有权制定地方政府规章。由此可知，地方立法机关制定的宅基地置换补偿政策文本包括了 23 个省（不含中国台湾地区、香港特别行政区、澳门特别行政区）、4 个直辖市、5 个自治区、27 个省会城市、6 个经济特区、18 个经国务院批准的较大的市、30 个民族自治州、120 个民族自治县（旗）的立法和行政机关制定的地方法规和其他规范性文件，外在表现形式为颁布机构为各地人大或其常委会、人民政府，发文字号为各地人大或其常委会公告、人民政府令、人民政府发（包括人民政府转发的政策文本）、人民政府法制办发等。

本书检索立法机关的政策文本使用的数据库主要是"国家法规数据库（CNLAW）"。该数据库是由全国人大法工委、国务院法制局、最高人民法院、最高人民检察院、国家信息中心共同开发，联合各省市信息中心及有关部委共同维护，并由中央各部委和各省市、自治区立法部门直接提供法律法规信息，保证了政策文本的可信性。检索时间为 2014 年 3 月，选取其中"更新法规库""国家法律与部委规章库"和"地方法规与规章库"三个子数据库；使用的检索公式为以下 7 个：① 标题"补偿"和正文"宅基地"；② 标题"拆迁"和标题"集体"；③ 标题"补偿"和正文"房屋"和正文"集体"；④ 标题"补偿"和标题"征地"；⑤ 标题"置换"；⑥ 标题"增减挂钩"；⑦ 标题"土地管理"。

由于本书的核心内容是宅基地置换补偿政策，因此以下四项内容不在检索范围内：第一，对失地农民进行的社会保障补偿。因为失地农民社会保障补偿主要是针对农用地而言的，如国务院转发的《关于做好被征地农民就业培训和社会保障工作指导意见》中规定，就业培训和社会保障工作的补偿对象是"因政府统一征收农村集体土地而导致失去全部或大部分土地，且在征地时享有农村集体土地承包权的在册农业人口"，浙江省人民政府办公厅颁布的《关于深化完善被征地农民社会保障工作的通知》中进一步明确将补偿对象界定为"征地时持有第二轮土地承包权证家庭中土地基本被征的在册农业人员"，所以失地农民社会保障问题不在本书范围之内，不对其进行检索。第二，因大型水利水电建设工程等对农民进行的移民补偿。因为该补偿与宅基地置换补偿性质不同，宅基地置换补偿虽然也有移民安置，但不涉及大批量的移民安置，二者的区别也体现在政策文本中。如 2004 年《温州市市区征收农民集体所有土地管理办法》中的第 2 条明确规定"大中型水利、水电工程建设征地的补偿费标准和移民安置办法，法律、法规另有规定的，从其规定"，所以征地移民补偿政策不在研究范围内，不对其进行检索。第三，征占用林地的补偿。因为宅基地置换主要目的是将建设用地置换成耕地，而非置换成林地，所以征占用林地补偿政策不在研究范围内，不对其进行检索。 第四，城中村、棚户区改造、城市建设项目（除另有规定置换补偿按照城市建设项目补偿的规定外）补偿。因为城中村、棚户区以及城市建设项目的拆迁补偿都是在城市规划区范围内，按照国有土地征收与房屋拆迁进行的，即遵循房地合一原则，由市场评估价来确定，如《唐山市中心区城中村改造居民住房拆迁补偿安置办法》第 7 条规定"以房地产市场评估价格确定货币补偿金额"，而宅基地置换补偿一般都按照房屋重置价、房地有别进行补偿，二者有所不同，所以不对其进行检索。

　　除了对上述检索结果进行筛选外，为了保证检索结果的完整性和全面性，再次选用"北大法意数据库""中国法院网""法律图书馆""天下房地产法律服务网""国土资源政策法律网"进行相关检索；同时，也在拥有立法权的各级人大和政府官方网站进行相关检索，并在中国知网数字出版物中检索各级人大公报、国务院公报、部门公报及各级政府公报。由于知网公报年份不完全，另在各级人大和政府官网上查询近期相关公报，对截止至 2014 年 3 月的每一期公报进行查阅 ❶，通过以上途径对检索结果进行了补充，以此保证检索政策文本的全

---

❶ 《中华人民共和国立法法》规定，法律、法律解释、地方性法规、自治条例和单行条例需要在各级人大公报上刊登，行政法规需要在国务院公报上刊登，部门规章需要在部门公报上刊登，各级人民政府规章需要在各级政府公报上刊登。

面性和完整性。即便如此，由于缺乏统一完整的数据库，人工零散检索难免会有所遗漏，但本书尽量保证政策文本的完整性和全面性，因此得到的分析结论是具有价值性的。

2.5.1 补偿政策总体状况：缺乏针对性立法

通过上述检索，检索到立法机关制定的有关宅基地置换补偿的政策共 258 部。其中，立法性质政策有 86 部，具体数量分布情况见表 2.4。就国家层面而言，与宅基地置换补偿相关的法律、行政法规和部门规章共有 5 部，法律有《宪法》《物权法》《土地管理法》，行政法规有国务院制定的《土地管理法实施条例》，部门规章有国土资源部制定的《征收土地公告办法》；就地方层面而言，省、自治区和直辖市人大或其常委会制定的地方性法规有 32 部，其中全国 22 个省（海南经济特区属于省级经济特区，故将其并入省级立法层级统计）制定的立法性质政策有 24 部，甘肃省和江西省还另外单独制定了《甘肃省基础设施建设征用土地办法》和《江西省征收土地管理办法》，自治区制定的立法性质政策有 5 部，直辖市制定的立法性质政策有 3 部，重庆尚未制定。省、自治区和直辖市人民政府制定的地方政府规章有 14 部，其中省政府制定的有 10 部，自治区政府制定的有 1 部，直辖市政府制定的有 3 部。较大市（包括省会城市、国务院批准的较大的市、经济特区所在的市）的人大或其常委会制定的地方性法规有 8 部，较大市政府制定的地方政府规章有 21 部。自治州、自治县和自治旗制定的地方性法规有 6 部，自治州、自治县和自治旗政府并未制定相关的地方政府规章。

表 2.4　不同层级立法性质政策数量分布状况

层级	法律	行政法规	部门规章	省、自治区、直辖市地方性法规	省、自治区、直辖市地方政府规章	较大市地方性法规	较大市地方政府规章	自治州/县/旗地方性法规	合计
数量（客户）	3	1	1	32	14	8	21	6	86
比例	3.488%	1.163%	1.163%	37.209%	16.279%	9.302%	24.419%	6.977%	100%

　　通过表 2.5 可以看出,国家层面的立法性质政策数量有限,占总数的 5.814%,关于宅基地置换补偿的立法性质政策主要集中在地方性法规方面,占总数的 37.209%。国家层面尚未在《宪法》这一根本大法的基础上制定专门的不动产征收相关法律,而且现有的法律也只是对征收补偿进行了规定,而未对置换补偿进行规定,因此在各地的补偿实践操作中,出现了法律依据较为混乱的情况。《物权法》中对集体土地征收补偿的规定延续了房地分离的原则,具体体现在第 42 条,该条款对征收集体土地、个人所有房屋拆迁及补偿费的使用进行了原则性规定。❶《土地管理法》第 47 条规定了征地补偿的基本内容,规定按照土地原用途进行补偿,宅基地补偿参照耕地补偿标准,对依附于土地之上的农业人口进行安置,而对农户建于宅基地之上的房屋如何进行拆迁补偿,授权给了省、自治区和直辖市政府制定具体政策。《土地管理法实施条例》第 26 条规定了征

---

❶　《物权法》第 42 条规定:"征收集体所有的土地,应当依法足额支付土地补偿费、安置补助费、地上附着物和青苗的补偿费等费用,安排被征地农民的社会保障费用,保障被征地农民的生活,维护被征地农民的合法权益。征收单位、个人的房屋及其他不动产,应当依法给予拆迁补偿,维护被征收人的合法权益;征收个人住宅的,还应当保障被征收人的居住条件。任何单位和个人不得贪污、挪用、私分、截留、拖欠征收补偿费等费用。"

地补偿费的分配原则，土地补偿费归属于集体经济组织、地上附着物和青苗补偿费归属于所有者、安置补助费归属于安置负责者。《征收土地公告办法》规定了征地补偿安置公告需要包含的具体内容，而且第 15 条规定了"征地补偿、安置争议不影响征收土地方案的实施"，这体现了国家对于征地效率的追求。这些国家层级的立法性质政策勾勒出了宅基地征地拆迁补偿的基本框架，该基本框架如表 2.5 所示。根据宅基地面积，按照耕地年产值的 6~10 倍计算宅基地的土地补偿费，并支付给集体经济组织，根据农业人口数量，同样按照耕地年产值的 4~6 倍计算宅基地的安置补助费，并支付给安置负责方。《物权法》要求原则上将这两部分补偿款主要用于被征地农民的社会保障。对于宅基地之上的房屋，上述法律仅以地上附着物的形式进行了一般性规定，《物权法》原则上要求将这部分补偿款用于保障农民的居住条件。

表 2.5　宅基地征地拆迁补偿基本框架

补偿对象	补偿内容	补偿依据	补偿标准	补偿支付对象	补偿款原则性用途
宅基地	土地补偿费	土地合法面积	耕地年产值	集体经济组织	社会保障
	安置补助费	农业人口数量	耕地年产值	安置负责方	
房屋	拆迁补偿费	未作规定	未作规定	房屋所有者	居住保障

　　非立法性质的政策数量分布状况见表 2.6，总计有 172 部。其中，国务院制定的有 4 部，国土资源部制定的有 10 部，省、自治区和直辖市政府制定的有 86 部，其数量最多，占总数的 50%。较大市政府制定的有 63 部，自治州、县和旗政府制定的有 9 部。在这些地方政府规章中，大多数是针对宅基地征地拆迁补偿的细化政策，而专门针对宅基地置换拆迁补偿的政策较少，一共有 5 部，分别是《北京市绿化隔离地区土地置换管理办法的通知》《天津市以宅基地换房建设示范小

城镇管理办法》（以下简称为《天津宅基地换房管理办法》）、《上海市实行城乡
建设用地增减挂钩政策推进农民宅基地置换试点工作的若干意见》（以下简称为
《上海宅基地置换试点意见》）、《无锡市市区农村住宅置换安置房实施意见》（以
下简称为《无锡农村住宅置换安置房意见》）、《内蒙古自治区建设用地置换办
法》。其中，天津和内蒙古自治区的立法层级最高，以地方政府令的形式颁布。

表 2 6 非立法性质的政策数量分布状况

制定部门	国务院	国土资源部	省、自治区、直辖市政府	较大市政府	自治州/县/旗政府	合计
数量（客户）	4	10	86	63	9	172
比例	2.326%	5.814%	50.000%	36.628%	5.232%	100%

2.5.2 补偿原则现状：原则缺失

现行各类关于宅基地置换的政策文本主要对置换原则进行了规定，即置换
要兼顾农户意愿与土地权益。这一原则最先出现在2007年国土资源部颁布的《关
于进一步规范城乡建设用地增减挂钩试点工作的通知》中。第4部分要求在开
展宅基地置换时，要尊重农民意愿，维护农民权益，建新地块的土地增值收益
按一定比例返还农村。2010年，由国务院颁布的《关于严格规范城乡建设用地
增减挂钩试点切实做好农村土地整治工作的通知》在总体要求中明确提出，宅
基地置换要将农民权益放在首位，充分尊重农民意愿，将置换获得的土地增值
收益全部返还给农村，做到农民自愿和农民满意。从以上政策表述中可以看出，
土地增值收益由一定比例返还农村发展为全部返还农村，体现了置换补偿尊重
农民对土地的发展权收益。这两项国家层级的政策是地方制定相关政策的依据，

2009 年，天津市政府颁布的《天津市宅基地换房管理办法》第 4 条规定宅基地换房要"坚持尊重村民意愿、维护农村集体经济组织和村民合法权益的原则"。2010 年，上海市政府办公厅颁布的《上海宅基地置换试点意见》第 2 条第 2 款提出的"鼓励和引导农民自愿参与农民宅基地置换，保障农民合法利益，让农民群众得实惠"是宅基地置换的基本原则。由此可见，兼顾农民意愿与土地权益是宅基地置换的基本原则，但这些政策中并未对置换补偿原则进行规定。

提高农民生活水平，保障农民长远生计的宅基地征收补偿原则在《物权法》中有所体现，最早明确提出这一原则的是 2006 年国务院颁布的《国务院关于加强土地调控有关问题的通知》。该政策第 2 部分规定："征地补偿安置必须以确保被征地农民原有生活水平不降低、长远生计有保障为原则。"2010 年，国务院办公厅颁布的《关于进一步严格征地拆迁管理工作切实维护群众合法权益的紧急通知》中再一次强调了这一原则，并提出涉及农民住房拆迁的，要做到先安置后拆迁。这是对如何实现这一原则做出的具体规定，各地方政府制定的补偿政策都以此为依据进行了修正。虽然这一原则是针对宅基地征收补偿而言的，但该原则同样能够适用于置换补偿，因此在置换补偿政策制定时可以借鉴此原则。

2.5.3 补偿依据现状：房地分离

由于国家层级未对宅基地之上房屋的拆迁补偿进行规定，授权给了地方政府，因此地方政府制定的相关政策是宅基地置换补偿工作开展的主要依据。通过对地方政策文本的梳理发现，目前多数补偿政策对于宅基地之上房屋拆迁补偿仍然依据宅基地与房屋分离补偿、宅基地耕地用途、房屋重置价格进行。这主要体现在大多数地方政府分别针对土地征收补偿和房屋拆迁补偿制定了两套政策。例如，徐州市既制定了《徐州市征用土地补偿和被征地农民基本生活保障实施办法（试行）》，以此来规范宅基地征收补偿，还制定了《徐州市征收集体土地房屋拆迁管理办法》，以此来规范宅基地之上房屋的拆迁补偿。

　　除此之外，就宅基地的安置补助费而言，不同地区的政策对于是否给予宅基地安置补助费存在差异，如浙江、江苏等地规定宅基地等农村建设用地不予安置补助费，而河北省规定宅基地的安置补助费为耕地前三年平均年产值的4~6倍。这说明不同地区对于宅基地是否具有保障福利的认知存在差异。就宅基地的土地补偿费而言，所有地区都按照宅基地附近耕地的年产值倍数或者区片综合地价对宅基地进行补偿，而区片综合地价是根据地类、产值、土地区位、农用地等级、人均耕地数量、土地供求关系，以及当地经济发展水平和城镇居民最低生活保障水平等因素划分测算的。这样虽然比年产值更为科学，但同样存在不体现宅基地建设用地性质的问题，与城市土地基准地价的确定差距较大。就宅基地之上的房屋拆迁补偿而言，大多数地区按照重置价格进行补偿，仅有少数地区是进行市场价格补偿，遵循房地合一的不动产征收补偿原则的，充分体现了宅基地之于农户的经济福利。例如，2010 年，《上海市征收集体土地房屋补偿暂行规定》提出要按照集体土地使用权基准价进行补偿。2011 年，《上海市宅基地置换试点意见》进一步规定在进行宅基地置换时，农民原有宅基地及之上房屋，需要按照房屋的市场评估价格进行补偿。鞍山市办公厅转发的《鞍山市集体土地房屋拆迁补偿安置暂行办法》规定，农民若选择产权调换或者货币补偿的，宅基地之上的房屋按照市场价值评估补偿。就宅基地的生产经营补偿而言，不同地区采用的补偿政策不同，一部分地区承认宅基地具有的生产经营功能，并给予补偿。例如，《北京集体土地房屋拆迁管理办法》第 22 条规定，在进行房屋拆迁时，"对利用宅基地内自有房屋从事生产经营活动并持有工商营业执照的"，除了给予土地补偿费和安置补助费外，还要适当给停产停业造成的经济损失以补偿。也有一部分地区并不承认宅基地的生产经营功能，对此并不给予补偿。例如，《鞍山市集体土地房屋拆迁补偿安置暂行办法》第5条规定："利用合法住宅房屋从事生产经营的，按照住宅房屋予以补偿安置。"宅基地征收的房屋拆迁补偿政策是宅基地置换时房屋拆迁补偿的主要依据。由上述分析可知，目前的宅基地之上房屋拆迁补偿仍然主要按照重置价格、耕地用途进行补偿，忽视了宅基地之上房屋的市场价值，以及能够带给农户的经济功能，因此对农户经济福利补偿并不充分。

2.5.4　补偿方式现状：因地制宜

通过对政策文本的梳理发现，各地在制定置换补偿方式时采用因地制宜的方法，总体上按照城市规划区内外采用不同的方式。例如，2012年长春市政府办公厅颁布的《长春市集体土地房屋征收与补偿实施办法的通知》第22条的第1款和第2款，明确划分了城市规划区内外的不同置换补偿方式。又如，呼和浩特市针对城市规划区内外分别制定了不同的补偿政策，规划区内制定的是《呼和浩特市集体宅基地征收房屋补偿安置办法》，规划区外制定的是《呼和浩特市城市建设控制区内征用集体土地和拆除地上建筑物补偿办法》。通过对上述政策的仔细查阅可知，各地在城市规划区内采用宅基地与货币或产权置换的补偿方式，在城市规划区外允许采用另批宅基地的补偿方式，但对另批宅基地安置进行了多重限制，鼓励农户选择货币或集中安置方式。例如，厦门市政府于2012年专门出台了《厦门市人民政府关于征收住宅房屋鼓励选择货币补偿方式的意见》。

同时，在宅基地置换时，对于承包地各地也采用了不同的方式进行补偿，天津市坚持土地承包责任制不变的原则，而嘉兴、苏州、广东等地提倡在宅基地置换的同时也进行承包地置换，将承包地置换成社会保障。例如，《广东省人民政府关于加快中心镇发展的意见》第 5 条，明确提出"鼓励进入中心镇落户的农民归还其自留地和承包地的使用权，由集体经济组织调整给他人使用，并对归还者进行适当的经济补偿"。该置换补偿方式与征地拆迁补偿方式的区别不显著，可以视为另一种形式的征地拆迁补偿政策。

2.5.5　补偿标准现状：标准不一

宅基地置换的补偿标准主要涉及房屋拆迁补偿与宅基地区位补偿。总体而言，对于住房安置、货币安置和宅基地安置三种补偿方式采用不同的补偿计算公式。住房安置补偿款＝房屋建安重置结合成新价－安置用房基本造价；货币安置补偿款＝同地段商品房平均单价 × 合法建筑面积－原有房屋基本造价；宅基地安置补偿款＝原有房屋重置价。除了房屋的补偿，各地对于需要过渡房的农民还提供临时过渡用房或者过渡补偿费、提前搬迁奖励、搬家补贴费等。除此之外，苏州和上海等地，还根据宅基地的区位价对房屋进行补偿，一定程度上体现了宅基地的市场价值。

为了能够在总体上把握宅基地置换补偿标准问题，将政策文本中有关房屋拆迁补偿标准、宅基地区位补偿标准的数值进行归纳，数值均根据各地最新公布的补偿标准进行统计，运用 SPSS20.0 统计软件对上述补偿标准进行简单的描述性分析。由于在房屋拆迁补偿政策中，大多数关于不同结构房屋还要进行层高、成新等系数的修正，由于数据不足，本书无法结合修正系数进行房屋补偿标准的统计，故此处补偿标准仅是不同房屋结构不结合修正系数的平均值。例如，政策文本中规定砖混结构的补偿区间为 510~650 元/m²，取两者之间的中间值，即 580 元/㎡。地方政府关于宅基地拆迁补偿的政策文本中，对于房屋补偿标准的规定并不全面，有些政策在政府公开信息中无法查找附件，有些地方政策根据当地实际情况制定，故数值方面并不全面。例如，宁波市在关于集体土地房屋拆迁补偿的条例和实施细则中均未做出详细规定，而是将这一标准的制定权再次下放给了下一级政府进行制定。又如，洛阳市在集体土地房屋拆迁政策中，未对钢混结构的房屋补偿标准进行规定，这可能是因为当地经济发展水平有限，未有采用钢混结构建房的情况。

各地政府制定的房屋拆迁补偿标准如表 2.7，从表中可以得到以下结论：① 从地方政府层面对房屋拆迁补偿进行规定的政策较少，最多有 19 部，而拥有立法权的各级人大和政府有 231 个，所占比例仅为 8.225%。这表明，目前我国对于集体土地房屋拆迁补偿政策制定方面存在不足，容易导致各地政府标准不一；同时，也存在无法可依的状态，容易导致农民对拆迁补偿的不满。② 同一结构房屋在不同地区补偿价格相差较大，以钢混结构为例，最小值为 283.33 元/m²，最大值为 3100 元/m²，两者相差 2817 元/m²，虽然不同地区消费水平不同，但差距过大说明政策在制定时存在随意性。

表 2.7　不同地区政策规定不同结构房屋平均补偿标准统计表

（单位：元/m²）

房屋结构	有效数值	最小值	最大值	均值	标准差
钢混结构	14	283.33	3100	1039.924	823.641
砖混结构	18	263.33	2700	810.870	665.834
砖木结构	19	225	2300	641.964	569.303
土木结构	17	90	1950	462.843	457.941
其他结构	14	70	1406	338.333	355.139

由于临时过渡补偿费，各地在统计口径方面存在差异，一部分地区采用的是按月发放的方式，一部分地区是按照房屋合法面积一次性发放的方式，故为了统计口径的一致，本书将按月发放的过渡补偿费乘以过渡最高时限，计算每户农户的搬迁总补偿费。同样，可按照单位面积过渡补偿费乘以该地区最高合法房屋面积，计算每户农户的搬迁总补偿费。具体的关于临时过渡补偿费和搬迁补助费描述性统计见表 2.8。从表中可以看出，同样关于搬迁补助与过渡补偿标准的政策文本较少，这将导致各地在制定标准时，尽量压低补偿标准，因为较低的补偿标准并不会引起合法性问题。同时，各地区之间的搬迁补助费和过渡补偿费差异也很大，亟须从国家层面对这两项补偿标准进行统一规定或者以其他方式取消这两项补偿。

表 2.8　不同地区政策规定过渡补偿、搬迁补助补偿标准统计表

（单位：元／户）

项目	有效数值	最小值	最大值	均值	标准差
搬迁补助费	14	400	8800	1862.50	2086.869
过渡补偿费	12	2000	42240	12684.58	12433.833

2.5.6　收益分配使用现状：缺少科学依据

在国家和地方两个层面，虽然都要求将通过置换获得的土地增值收益全部返还给农村，但由于宅基地置换开展的时间较短，尚未出台关于土地增值收益该如何分配使用的政策。而且，有些地区在工商业不发达的前提下开展宅基地置换，获得的土地增值收益尚不足以补充置换成本，即置换资金无法做到平衡，就更谈不上增值收益的分配问题。目前，关于征地补偿款的分配使用，各地已

经制定和颁布了专项政策，共有 7 部。❶ 其中，广东省对此颁布了地方性法规，山西省颁布了地方政府规章，其余地方都以其他规范性文件的形式对此进行了规定。这些政策中对于征地补偿费的分配普遍采用的是按一定比例分配的方式，如辽宁省规定土地补偿费支付给被征地农户部分不得少于 80%，集体留用部分不得多于 20%。沈阳市要求征地补偿款的分配遵循"征谁的地给谁补偿"的原则，其土地补偿费的分配延续的是辽宁省的规定。河南省也是如此。海南省规定 70% 支付给农民，30% 留在村集体经济组织中。江苏省的规定与此相同。从中可以看出，此分配的确定缺乏科学的依据。本书尝试从农户福利角度计算需要的补偿款数额，在保证农户福利水平不变的情况下，将其余的土地增值收益留于集体经济组织，用于集体公共设施等的发展。

2.6　宅基地置换补偿政策存在的问题

2.6.1　总体福利补偿依据不明确

目前，宅基地置换补偿政策制定的主要依据分别是《土地管理法》和《物权法》。前者将具体补偿标准的制定权授予省、自治区、直辖市政府，而各地政府在具体制定实施办法时自由空间较大，容易产生补偿不公；后者也只是原则

❶ 这 7 部关于土地补偿费分配使用的政策分别是《山西省征收征用农民集体所有土地征地补偿费分配使用办法》《辽宁省关于农村集体土地征地补偿费用分配、使用和管理的意见》《沈阳市关于农村集体土地征地补偿费用分配、使用和管理意见的通知》《长春市关于加强集体经济组织征地补偿分配管理的意见》《河南省关于规范农民集体所有土地征地补偿分配和使用的意见》《广东省征收农民集体所有土地各项补偿费管理办法》《海南省征地补偿费分配使用管理暂行办法》。

性地规定需要给予农户补偿费及保障农户居住条件，并未对补偿标准做具体规定。除了上述两部法律之外，宅基地置换补偿政策制定面临无法可依的困境，因此亟须出台相关权威规定。

2.6.2　保障补偿不完全，影响农户保障福利

在有关宅基地置换、宅基地征用补偿的政策文本中，将住房安置补偿等同于宅基地保障福利补偿。其具体表现为多个地区征收宅基地不给安置补助费、置换宅基地不给土地使用权证书、宅基地置换后农户获得的集中居住小区成了另一种小产权房。这些规定否定了宅基地之于农户的居住和就业等保障福利，影响了置换后农户总体福利的实现。

2.6.3　生产经营补偿不充分，影响农户经济福利

从上述梳理可以看出，宅基地置换补偿中对房屋的补偿虽然越来越倾向于按照市场价进行，但对于农户用于经营的房屋却大多仍然按照房屋成本补偿，导致农户停产停业的损失得不到有效补偿，这说明宅基地置换补偿政策在经济福利补偿方面仍存在不足。2011 年，国务院颁布实施的《国有土地上房屋征收与补偿条例》第 17 条明确规定要补偿因征收房屋造成的停产停业损失，而农村集体土地房屋却未能够享有同等的补偿，这是宅基地置换补偿存在的不足。

经济福利补偿方面做得较好的地区是义乌。义乌作为全国经济最为发达的地区和全国小商品集散地，工商业非常繁荣，农户非农化程度很高，很多地区农户利用自家房屋进行出租或者经营。据此实际情况，义乌市在开展宅基地置

换时，对新建居民小区进行功能分区，将小区分为生产和生活区，生产区建造标准厂房，生活区建造高层住宅，农户可以根据自己宅基地与房屋的面积自由组合置换。今后其他有条件的地区，在宅基地置换经济福利补偿方面，也可以借鉴义乌的做法，充分保障农户的经济福利。

2.6.4　产权补偿不符实，影响农户居住与经济福利

虽然农户在参加宅基地置换时，可以选择货币、产权、宅基地、货币与产权组合等多种安置方式，同时，2010 年《城乡建设用地增减挂钩试点管理办法》也规定建新区建设用地优先保证被拆迁农户安置和农村公共设施建设用地，但各级地方政府在制定宅基地置换补偿规范性文件时，大多未说明产权归属问题。这导致了有些地区的安置房没有土地证和房产证，无法上市交易，农户在改变居住方式的同时未能增值房产。例如，瑞金市政府颁布的《2012 年度城乡建设用地增减挂钩试点项目实施方案》第 6 条第 1 款明确规定"项目区内建新区地块除安置点用地外都征为国有土地。"这方面做得较好的分别是上海市和义乌市。上海市政府在 2010 年转发的《关于本市实行城乡建设用地增减挂钩政策推进农户宅基地置换试点工作的若干意见》，第 4 部分明确规定农户集中居住区用地一并实行征收和出让，农户宅基地置换的房地产，依法颁发房屋产权证。义乌市在进行宅基地置换时，用于建设集中居住小区的土地统一划拨为国有，农户自行补足差价后可以直接上市交易。❶今后，宅基地置换补偿政策可以向这两个先进地区借鉴经验，真正做到农户长远生计有所保障。

---

❶ 刘亭，庞亚君，赖华东，等 . 农村宅基地置换问题探讨——以义乌、松阳为例 [J]. 浙江社会科学，2009（10）：119–122.

2.7　本章小结

　　本章主要运用历史和文本书法对宅基地置换补偿政策的历史变迁进行梳理，对政策现状进行分析，通过对历史和现实的双重考察，总结其变迁规律及存在的问题。本章还通过多源流政策过程分析方法，分析政策变迁的原因，并预测政策变迁的方向。

　　（1）通过对宅基地置换补偿政策出台背景的分析，发现宅基地置换补偿政策诞生于征地补偿政策框架中。虽然二者性质不同，但目前各级政府并未对其进行区分，因此宅基地置换补偿政策延续了征地补偿政策的特征。以农户福利为线索，梳理得到宅基地置换补偿政策历史变迁主要经历了完全福利补偿、居住福利补偿为主、经济福利补偿为主、多种福利共同补偿及注重更高层次福利补偿这五个阶段，呈现出了内容不断扩充，更加关注农户权利自由的变迁规律。

　　（2）运用金登的多源流政策过程分析方法分析不同时期宅基地置换补偿政策变迁的原因，主要是因为问题源流、政策源流和政治源流不同，所以产生了不同福利补偿内容的政策。据此分析当下针对宅基地置换补偿这一问题的三种源流——问题、政策和政治三种源流都已经具备并得到了汇合，政策已经进入了议事日程。但由于政策前期准备未完成、政策方案不够细化，以及个别地方政府配合程度不高，造成了政策的拖延出台。本书写于政策出台之前，通过实证研究提出政策细化方案，对政策制定具有一定的参考价值。

　　（3）通过对现有 258 份与宅基地置换补偿相关的政策文本的分析，发现目前宅基地置换补偿原则缺失，但可以借鉴宅基地征收补偿政策中规定的保证农户现有生活水平不变，长远生计有所保障这一政策原则。另外，目前，宅基地置换补偿依据的仍然是房地分离补偿的方法，采用因地制宜的补偿方式，但存在补偿标准各地差异较大，土地增值收益的分配缺乏科学依据的问题。

（4）通过历史梳理和现状分析，得到如下结论：虽然总体上补偿政策向着有利于农户福利的方向发展，但也有以下四个方面的问题。① 总体福利补偿的依据不明确，没有权威规定可以参照；② 保障福利补偿不体现，存在将住房安置视为保障福利补偿的错误思路；③ 经济福利补偿不充分，未正视农户利用房屋进行生产经营等经济活动的现实，普遍对此不进行补偿或按居住功能进行补偿；④ 产权置换补偿不符实，存在不向农户发放土地证和房产证的情况。

第3章 宅基地置换补偿政策绩效：
农户福利模糊评估

2011 年 1 月，国务院发布了《国有土地上房屋征收与补偿条例》，以此来规范国有土地征收和城市房屋拆迁补偿，但目前尚未出台关于集体土地房屋拆迁与补偿的国家规定。各级地方政府根据当地实际，出台了不同标准的农村房屋拆迁补偿安置办法，它们共同组成了宅基地置换补偿政策。这些政策的实施效果如何？是否达到了国家保证失地农户生活水平不降低的补偿政策目标？这些需要通过评估宅基地置换补偿政策的绩效来回答。对于补偿政策绩效的评估作为政策研究过程的一个环节，不仅能够起到对政策本身进行判断的作用，还能够起到找出政策问题，为政策优化提供有效依据的作用。

为此，学者们根据不同标准对征地补偿政策绩效进行了评估，林乐芬、金媛采用农户满意度标准对江苏省征地补偿政策效应进行评估，得到农户受偿满意度低，政策实施效果不理想的结论；❶ 周京奎等认为农户满意是评定宅基地

---

❶ 林乐芬，金媛. 征地补偿政策效应影响因素分析——基于江苏省镇江市 40 个村 1703 户农户调查数据 [J]. 中国农村经济，2012（6）：20–30.

置换补偿政策绩效的最终标准，其通过对天津市华明镇宅基地换房的调研，得到农户同意但不满意，仅改善了农户的居住环境和保障，因此政策绩效并不理想的结论；❶ 周钧以农户生活水平改善、政策满意度提高为标准对苏州高新区征地补偿安置政策绩效进行评估，得到补偿政策社会影响效果一般的结论。❷ 上述研究对评估宅基地置换补偿政策绩效有所启示，但同时也存在农户满意度评价标准过于主观，容易受外在环境影响的不足。本书同样以宅基地置换补偿政策的目标群体——农户为评估对象，但采用较为客观和全面的农户福利作为评估标准。

3.1 宅基地置换补偿政策首要目标：提高农户福利

宁骚提出政策绩效评估就是评估政策目标得以实现的程度，一项政策的实施绩效离预期目标越近，绩效就越好，反之就越差。❸ 杨宏山指出，政策目标是指政策制定者希望取得的成果或完成的任务。❹ 由此可见，政策目标是政策绩效评估的标准，进行政策绩效评估之前，首先要明确界定清楚宅基地置换补偿政策的目标是什么，从政策文本中寻找政策目标是最为直接的方法，在政策文本中政策目标一般表述为"为了实现……"或者"目的是……"。本书依据此方法界定宅基地置换补偿政策的目标。

❶ 周京奎，吴晓燕，胡云霞 . 集体建设用地流转模式创新的调查研究——以天津滨海新区东丽区华明镇宅基地换房为例 [J]. 调研世界，2010（7）：24–26.

❷ 周钧 . 苏州高新区征地补偿安置政策绩效评价 [J]. 中国土地科学，2008，9（9）：33–37.

❸ 宁骚 . 公共政策学 [M]. 北京：高等教育出版社，2003：397–399.

❹ 杨宏山 . 公共政策的价值目标与公正原则 [J]. 中国行政管理，2004（8）：87–90.

　　在法律规定方面，我国《土地管理法》规定征地补偿要保持农户原有的生活水平 ❶，《物权法》第 42 条规定"征收集体所有的土地，应当保障被征地农户的生活"。在省部级文件方面，2008 年国土资源部颁布实施的《城乡建设用地增减挂钩试点管理办法》第 3 条提出城乡建设用地增减挂钩要"以保护耕地、保障农民土地权益为出发点，以改善农村生产生活条件为目标"。2011 年，《江苏省政府关于调整征地补偿标准的通知》中明确提出调整和提高征地补偿标准的目标是为了保障被征地农户的基本生活和长远生计。2011 年，国土资源部颁布的《关于严格规范城乡建设用地增减挂钩试点工作的通知》总体要求中明确提出"以切实维护农民权益、促进农民增收致富为出发点和落脚点"。由此可见，改善宅基地置换农户生活，保障其长远生计是宅基地置换补偿政策的首要目标。固然除此目标之外，宅基地置换补偿政策还具有维护社会稳定等其他目标，出于以下两点原因，本书选择通过评估农户福利来评估补偿政策绩效：① 维护社会稳定等其他政策目标的实现途径是农户福利水平得以保持和提升；② 现阶段宅基地置换补偿政策的主要问题是农户福利受损。在印度经济学家森的福利理论中，福利是一个比生活水平、生活质量更为宽广的概念，它不仅包涵了人们现有的生活，还包含了人们未来发展的自由。❷ 也就是说，农户福利水平能够较好地代表农户的生活水平和长远生计，能够以此为标准评估宅基地置换补偿政策是否达到了预定目标。

---

❶　2004 年第二次修正的《土地管理法》第 47 条规定"依照本条第二款的规定支付土地补偿费和安置补助费，尚不能使需要安置的农民保持原有生活水平的，经省、自治区、直辖市人民政府批准，可以增加安置补助费。"

❷　Amartya Sen，Geoffrey Hawthorn. The standard of living[M]. Cambridge：Cambridge University Press，1998：21–23.

3.2 宅基地置换补偿政策绩效评估：农户福利评估

3.2.1 宅基地置换农户福利评估理论分析

一般而言，政策目标的评估标准推崇"4E"原则，即一项政策目标要以经济性、效率性、效果性和公平性为标准进行评估。本书将能够衡量经济效率的福利补偿理论与能够代表公平与自由的森的福利理论结合起来评估政策目标的实现程度，基本能够做到以"4E"为标准进行政策评估，具体理论分析如下。

以庇古为代表的旧福利经济学家认为福利即效用，是满意度和快乐的经济学解释，指一个人消费一定物品或服务后得到的满足。收入和商品拥有量是福利的评估指标，当一个人收入越高、拥有商品数量越多时，享受的福利就越好。但收入的提高并不能完全代表置换农户的福利水平变好。例如，农户在宅基地置换后获了大量货币补偿，但并没有通过创业等方式让自己生活变好，反而可能将其用于赌博使生活变得更差，哈尔滨被征地农户豪赌返贫就是一个例子。因此，不能仅将收入作为宅基地置换农户福利的评估指标。

马歇尔在效用理论基础上提出了"消费者剩余"的概念，并用其来评估个人和社会福利。根据消费者剩余理论，在宅基地置换中，农户作为宅基地供应者，其福利表现为生产者剩余，数值是宅基地出售收益与宅基地成本之差。但消费者剩余的量化要求以宅基地完全竞争市场作为参考，是一种只有在严格限制条件下才具有准确性的评估标准。❶ 目前，我国还没有形成初步的农村土地市场，因此难以使用消费者剩余来评估农户福利。

森在借鉴以往学者研究成果的基础上提出了可行能力福利评估方法。该方法认为收入和商品只是福利的物质基础，人们根据自身特征、社会环境和人际关系等不同，对收入和商品的使用方式也不同，不同的使用方式产生了不同的效果。比如，同样一部笔记本电脑，一个知识层次和社会地位高的人，可以将其用于工作、学习和游戏，从而获得知识和放松；而一个沉溺游戏的人，虽然电脑有诸多功能，但他只会将其用于游戏来获得精神愉悦。根据森的可行能力理论，这些已经产生的使用方式和已经得到实现的效果被称为"功能性活动"，可以通过外在指标直接测量。而对这些功能性活动选择的自由，即潜在还有多少使用方式可供选择、能够产生多少效果称为"可行能力"，可以通过对个人能力、可供选择的功能集合来测量。功能性活动和可行能力共同构成了福利。

为了解释功能性活动和可行能力，森举例说明功能可以是"如吃、读、看"的活动，还可以是"营养良好、没有疟疾、不为衣着的寒酸而感到羞耻"等存在的状态。❷ 为了避免森所指的功能与普遍意义上的功能含义混淆，学者们将之翻译成功能性活动。森认为一个人的可行能力指的是此人有可能实现

❶ John S. Chipman, James C. Moore. The scope of consumer's surplus arguments [J]. Welfare and Time in Economies : Essays in Honor of Nicholas Ceorgeseu-Roegen. Lexington Health-Lexington Books, 1976 : 69–123.

❷ Amartya Sen.What do we want from a theory of justice? [J]. The Journal of Philosophy, 2006 : 215–238.

的、各种潜在的功能性活动组合，是一种实现各种功能性活动的实质自由。❶
他强调这种工具性的自由能够直接或者间接帮助人们按照自己合意的方式来
生活。森还给出了一个评估自由的五种工具，包括政治自由、经济条件、社
会机会、透明性保障、防护性保障 ❷，但没有给出具体用哪些指标来衡量这些
工具性自由。

由上述分析可知，可行能力福利评估方法下的评估焦点可以是实现了的功
能性活动，也可以是潜在的功能性活动集合（可行能力集合），还可以是两者的
结合。前者评估的是一个人实际已经做到的事或活动，称为功能性活动福利，
后者评估的是一个人做事或活动的实质自由 ❸，称为可行能力福利。学者们对运
用可行能力评估福利水平进行了积极的探索，努斯鲍姆认为"生活、身体健康、
身体完整、理性、想象、思考、情感、行为理智、关系、娱乐、对环境的支配等"
是衡量可行能力具有代表性的内容；❹ 托马斯在衡量儿童可行能力福利时，运
用"生活、身体、想象力和思维、休闲活动、情绪、人际联系"作为可行能力
衡量内容。❺ 虽然如此，但学者们也认为对可行能力的研究是一种进入哲学领

---

❶ Nicholas Garnham. Amartya Sen's capabilities approach to the evaluation of welfare : its application to communications [J]. Communication，Citizenship and Social Policy : Rethinking the Limits of the Welfare State，1999 : 113–124.

❷ Amartya Sen. Health : perception versus observation : Self reported morbidity has severe limitations and can be extremely misleading[J]. BMJ : British Medical Journal，2002，324（7342）: 860.

❸ 阿玛蒂亚·森. 以自由看待发展 [M]. 于真，任赜，译. 北京 : 中国人民大学出版社，2002 : 62–63.

❹ Martha Nussbaum. Capabilities as fundamental entitlements : Sen and social justice [J]. Feminist Economics，2003，9（2–3）: 33–59.

❺ Maria Laura Di tommaso. Measuring the well-being of children using a capability approach : An application to Indian data [R]. Child Working Paper 2006（5），Center for Household，Income，Labour and Demographic Economics，2006 : 46.

域的经济学分析 ❶，较难测量，甚至森自己也认为在进行整体福利测量时，运用可行能力有所困难。❷ 因此，森也同意注重用功能性活动来评估个人福利，因为人们的福利状况离不开实际生活。❸

本书评估农户福利的目的是评估宅基地置换补偿政策绩效，绩效是对政策实施后产生效果的考察，是一种现状分析，农户现有福利状况好，就说明政策绩效好，反之则差。各种未来潜在的、较难测量的效果并不能作为绩效考察的内容。因此，本书将农户福利评估焦点集中于已经实现的功能性活动，注重对功能性福利的分析。

1. 宅基地置换农户福利的功能性活动

森在运用已实现功能性活动评估福利时，并没有给出具体的功能性活动项目，而且也不希望给出一组普遍适用、可供直接使用的功能性活动，因为研究对象纷繁复杂，要给出一组没有争议的功能性活动存在困难。为此，本书通过梳理相关文献，总结出针对不同研究对象，学者们普遍采用的功能性活动（具体见表 3.1），它们分别是收入、健康、居住条件及精神心理状况。结合宅基地置换实际，根据森提出的突出可行能力比较原则，对选定作为焦点的某些向量进行比较，而不要求完整的全面覆盖，确定评估宅基地置换农户福利所使用的功能性活动为经济、居住、保障、环境和心理。

（1）经济。如上分析，经济虽然不能完全体现一个人的福利状况，但收入却是人们提高福利水平的物质基础。我国是一个发展中国家，农户作为工

---

❶　杨伟民 . 论个人福利与国家和社会的责任 [J]. 社会学研究，2008（1）：120–142.

❷　Jean Dreze，Amartya Sen. India：Development and participation[M]. Oxford University Press，2002：142.

❸　Amartya Sen. Gender and cooperative conflicts[M]. Helsinki：World Institute for Development Economics Research，1987：236.

表3.1 国外不同学者研究福利时使用的功能性活动

来源	Nussbaum（2003）	Klasen（2000）	Martinetti（2000）	Anand et al[4]（2000）	Laderchi[5]（2008）	Muffels and Headey[6]（2009）	Robeyns[7]（2003）	Krishnakumar and Ballon（2008）	Morris David[9]（1980）
解释对象	女性	南非家庭	意大利家庭	英国家庭成员	秘鲁儿童	德国人与澳大利亚人	西方性别不平等	玻利维亚儿童	生活质量指数（PQLI指标）
功能性活动	1. 生活； 2. 身体健康； 3. 身体完整； 4. 理性、想象、思考； 5. 情感； 6. 行为理智； 7. 关系； 8. 其他； 9. 娱乐； 10. 对环境的支配	1. 教育； 2. 收入； 3. 财产； 4. 健康； 5. 饮用水； 6. 卫生； 7. 能源； 8. 就业； 9. 交通； 10. 金融服务； 11. 营养； 12. 卫生保健； 13. 安全； 14. 其他可觉察的福利	1. 住房； 2. 健康； 3. 教育与知识； 4. 社会交往； 5. 心理条件	1. 健康； 2. 住房； 3. 社会联系； 4. 闲暇； 5. 有伴侣； 6. 敌雇用	1. 教育； 2. 健康	1. 人力资本：教育水平、健康状态、工作就业质量； 2. 社会资本：社会单位、会员条件、联系，可持续的生存、同居的伴侣，对别人的信赖； 3. 文化资本：接受挑战的意愿、宗教活动值观、信仰； 4. 心理资本：开放、随和、外向、情绪化、稳重、自觉	1. 生理健康； 2. 精神福利； 3. 身体完整、安全； 4. 社会关系； 5. 政治权利； 6. 教育与知识； 7. 生育与私人看护； 8. 工作报酬及其他； 9. 居住与环境； 10. 可行动； 11. 休闲活动； 12. 时间可可支配； 13. 受尊重； 14. 宗教信仰	（基础可行能力） 1. 知识：文化、教育水平、求学年份； 2. 居住条件：居住条件、可居住条件件、基础服务条件	1. 平均预期寿命； 2. 婴儿死亡率； 3. 识字率

[1] Enrica Chiappero Martinetti. A multidimensional assessment of well-being based on Sen's functioning approach[J]. Rivista Internazionale Discienze Sociali, 2000（10）: 207-239.

[2] Sudhir Anand, Amartya Sen. Human development and economic sustainability[J]. World Development, 2000, 28（12）: 2029-2049.

[3] Caterina Ruggeri Laderchi. Do concepts matter? An empirical investigation of the differences between a capability and a monetary assessment of poverty[J]. The Capability approach: Concepts, Measures and Application, 2008: 203-241.

[4] Ruud Muffels, Bruce Headey. Testing Sen's capability approach to explain objective and subjective well-being using German and Australian panel data?[J]. 2009, 12（50）: 197.

[5] Ingrid Robeyns. Sen's capability approach and gender inequality: selecting relevant capabilities[J]. Feminist economics, 2003, 9（2-3）: 61-92.

[6] Morris David Morris. The physical quality of life index（PQLI）[J]. Development Digest, 1980, 18（1）: 95.

业化城镇化的反哺对象，收入普遍偏低，仍需要通过提高收入来获取更高福利。在对欠发达和发展中国家成员福利进行分析时，学者们也都将收入作为评估福利的功能性活动之一，如克拉森❶、萨拉❷及布兰多利尼❸等。同时，奥希拉特·霍奇曼通过对三个处于不同工业化程度国家的公民收入对幸福感的影响发现，在工业化程度较低的国家，收入能够显著地增加人们的幸福感。❹在《物权法》将宅基地使用权界定为用益物权之后，宅基地合法财产功能日益凸显，对农户而言宅基地是一种关乎安身之本的财产❺，是最重要的资产。❻宅基地置换后，农户承担着极大的经济压力，有可能会产生"上楼致贫"的不良后果。❼因此，本书将经济作为评估宅基地置换农户福利的功能性活动。

（2）居住。我国现行的宅基地制度保证了农户居者有其屋，在住房需求已经得到最基本满足的前提下，农村住房已经不处于马斯洛需求层次的最底层。住房的好坏程度反映了农户的居住舒适度和生活质量，是心理和生理状况的共

❶ Stephen Klasen. Measuring poverty and deprivation in South Africa[J]. Review of income and wealth, 2000, 46（1）: 33–58.

❷ Sara Lelli. Factor analysis vs. fuzzy sets theory: assessing the influence of different techniques on Sen's functioning approach[M]. Leuven: Katholieke Universiteit Leuven, 2001: 7–10.

❸ Andrea Brandolini. On synthetic indices of multidimensional well–being: Health and income inequalities in France, Germany, Italy and the United Kingdom[R]. Italy: Child–Centre for Household, Income, Labour and Demographic Economics, 2007: 4–7.

❹ Oshrat Hochman, Nora Skopek. The impact of wealth on subjective well-being: A comparison of three welfare-state regimes[J]. Research in Social Stratification and Mobility, 2013, 34（1）: 127–141.

❺ 陈小君,蒋省三. 宅基地使用权制度: 规范解析、实践挑战及其立法回应 [J]. 管理世界,2010(10): 1–12.

❻ 关江华, 黄朝禧, 胡银根. 基于 Logistic 回归模型的农户宅基地流转意愿研究——以微观福利为视角 [J]. 经济地理, 2013（8）: 128–133.

❼ 冯双生, 张桂文. 宅基地置换中农民权益受损问题及对策研究 [J]. 农业经济问题, 2013（12）: 31–39.

同表现。❶ 在宅基地置换后，很大一部分农户不再拥有宅基地，搬入高层集中居住小区，居住方式发生了很大变化，因此住房是评估宅基地置换农户福利的重要功能性活动。

（3）保障。良好的社会保障能够排解人们的后顾之忧，保障水平的高低反映了人们发展空间的大小。若社会保障能够保证人们投资失败后仍有较好生活条件，那么人们就更愿意冒去投资，去追求更好的生活。目前，我国农村社会保障体系不健全，宅基地承担着养老及失业等多重保障功能。宅基地置换后，农户的保障水平将会受到影响，因此将保障作为评估宅基地置换农户福利水平的功能性活动之一。

（4）环境。优美的生活环境是人们追求有理由珍视的生活的组成部分，环境状况的好坏会对人们健康、心理等产生影响。例如，我国各大城市受空气质量变差的影响，人们普遍认为生活质量的下降。努斯鲍姆和罗宾斯在进行福利评估时，也将环境作为功能性活动。在宅基地置换后，农户的生活环境发生了变化，失去了原有的大片农田、安静环境及清新空气，因此需要将环境作为功能性活动之一来评估宅基地置换农户的福利水平。

（5）心理。满足感、幸福感等心理状况是福利的重要组成部分，但并非唯一组成，可以将其视为衡量福利的指标之一，但不能将其作为衡量福利的唯一指标。宅基地是乡村文明的载体，农户在农村生活能够感受到归属感、习惯感等心理情愫。在宅基地置换后，居住方式改变带来了文化风俗的变化，农户有可能产生不适与焦躁心理。赵海通过对苏州昆山市宅基地置换的调研，认为在宅基地置换中存在的主要问题是农户对城镇文化的适应，以及农村文化的传承

❶ Ingrid Robeyns. Sen's capability approach and gender inequality : selecting relevant capabilities[J]. Feminist Economics, 2003, 9（2–3）: 61–92.

问题。年长农民由于长期在农村生活，一些传统生活习惯难以改变，不能很好地适应集中居住小区的生活；同时，宅基地作为农村传统文化的土壤，经过置换后传统文化面临消逝的危险。❶ 中央农村工作领导小组办公室主任陈锡文在谈话时提到了"乡愁"❷，本书用其来阐释宅基地之于农户的心理福利。陈锡文指出，乡愁是人们向往落叶归根、回归故里时农村已经失去田园风光、失去儿时记忆，变成另一种方式的城市，从而导致了人们产生失落、忧愁的情感。虽然经济发达地区的农户非农化程度高，但是他们对农村生活仍然依恋。由此可见，心理能够作为评估宅基地置换农户福利的功能性活动之一。

3. 宅基地置换农户福利功能性活动的评估指标

（1）经济。选用农业收入、人均非农收入及人均纯收入作为经济这一功能性活动的评估指标。选用农业收入作为评估指标的原因：部分宅基地置换伴随承包地置换一并进行，如嘉兴市的"两分两换"、成都市的"双放弃"，农户失去承包地也意味着失去了农业收入的来源。即使承包地未置换，耕作半径变大也可能使农户的农业收入降低。选用人均非农收入作为评估指标的原因：宅基地置换后政府提供的安置房一般位于区位条件相对较好的区域，农户能够通过房屋出租获取非农收入；同时，随着农业就业机会的减少，农户会更多寻求非农就业机会，因此非农收入有可能增加。选用人均纯收入作为评估指标的原因：宅基地置换后，如水电、燃气、食物等生活消费支出增加了，即使以非农收入为主的家庭，支出增加也会使其纯收入减少。韩俊等对余姚市宅基地置换后农

---

❶　赵海. 农民集中居住模式调查——对江苏省昆山市的调查分析 [J]. 调研世界，2012（11）：34–37.

❷　刘畅. 全国"土地财政"明显升温 [EB/OL].（2014-03-01）[2017-05-08]. http：//house.people.com.cn/n/2014/0301/c194441-24499690.html.

户的生活调研发现，在宅基地置换后，农户日常生活支出从平均每户11617元人民币增加到15706元，增幅达35.19%。❶

（2）居住。选用单位装修费用、人均居住面积、住房结构及居住管理作为居住这一功能性活动的评估指标。装修费用反映了人们的居住舒适度，装修费用越高，居住设备越齐全，生活质量也就越高。人均居住面积反映了人们居住的宽敞程度,越宽敞,居住舒适度就越高。住房价值会对置换农户心理产生影响，消费者剩余表明物超所值程度越高时，此物品带给人们的满意度就越高。当住房价值高时，农户满意程度就高。住房结构反映了住房使用年限和质量，住房越牢固，居住安全性就越高。很多安置小区由于农户不缴纳物业费，出现没有居住管理或者居住管理标准低的情况，导致治安、卫生等较差，这些会降低置换农户的福利水平。

（3）保障。选用养老保障、失业保障作为保障这一功能性活动的评估指标。如上文所述，宅基地是农村社会保障体系的组成部分，保障了农户的基本生存权利。宅基地置换后，这些保障发生了变化，农户是否获得了应有相等或更高水平的保障，这将影响宅基地置换农户的福利水平。由于宅基地的医疗保障功能相对较弱，医疗保障的变化并不能视为是由于宅基地置换引起的，因此未将医疗保障作为评估指标。

（4）环境。环境主要是指居住环境，选用绿化覆盖状况和空气质量作为环境这一功能性活动的评估指标。在宅基地置换小区中，许多农户还维持着原有的生活习惯，普遍会出现在绿化带种植蔬菜的情况，影响居住绿化环境。农村

---

❶ 韩俊，秦中春，张云华，等. 引导农民集中居住存在的问题与政策思考 [J]. 调查研究报告，2007（254）：1–20.

工业不发达，空气质量优于城镇，置换小区一般位于城镇，因此会面临空气质量下降的问题。

（5）心理。选用自我归属感、生活习惯程度及邻里关系作为心理这一功能性活动的评估指标。在宅基地置换后，不仅是住房位置等物理形态发生了变化，农户也换了一种全新的居住和生活方式。在居住方式上，从分散居住变成了集中居住，独家独户变成了公寓式小区，村委会变成了居委会，这些变化影响了农户的自我归属感，并使邻居间交流变少。工作在宅基地置换一线的昆山市千灯镇党委书记李文认为，非农化程度高的农户仍然对农村依恋的根本原因是对邻里关系的不舍。农村普遍拥有互帮互助的和谐邻里关系，而在置换小区，由于空间的限制，这种关系发生了变化❶，影响了农户的心理福利；在生活方式上，从原先房前屋后自种瓜果蔬菜变成需要去超市购买，从深井采水、木柴取火等变成了需要使用自来水、燃气等，这些变化增加农户支出的同时也改变了农户业已习惯的生活方式。倘若农户不适应上述变化，将可能出现焦虑、不适等心理，影响心理福利水平。

3.2.2　宅基地置换农户福利评估方法介绍

1. 模糊数学法

模糊数学法是处理量化困难、复杂现实问题的经典数学方法。这一方法由美国控制专家扎德赫教授最早提出，主要将其用于量化不确定的事物。国内外

---

❶　陆娟，沈燕."三化"生活留住美丽乡愁 [N].昆山日报，2014–01–08.

学者普遍在评估福利、绩效、能力及生态环境等模糊概念时运用此方法。❶❷❸❹
虽然学者们在不断尝试将福利量化、清晰化，但不能否认福利至今还是一个模
糊的概念，对于什么状况属于好什么状况属于坏，每个人都有自己的一套评价
体系。森自己也认为模糊数学法适用于他提出的可行能力福利理论分析框架，
是将福利量化的可行方法。❺ 不仅如此，上文分析中包括心理在内的一部分功
能性活动指标属于定性指标，也需要通过模糊数学法将其转化为定量指标，因
此本章选用模糊数学法对宅基地置换农户福利进行评估。

2. 模糊数学法在宅基地置换农户福利评估中的应用

（1）宅基地置换农户福利的模糊数学函数式。宅基地置换农户的福利状况
可以用模糊集 H 来表示，农户因宅基地置换而发生变化的福利是该模糊集的子
集，用 W 来表示，内容是由上述分析得到的五个功能性活动。因此，宅基地置
换农户 i 福利的模糊数学函数表达式为 $W_i=\{h, \mu_w(h)\}$。其中，$h \in H$，$\mu(h)$
表示 h 对 W 的隶属度，数值是在区间 $[0, 1]$ 上的某个点，越高表示福利越好，0.5
是模糊临界值，表示福利既不好也不坏。

（2）宅基地置换农户福利隶属度函数式。根据连续变量和虚拟定性变量两
种初级指标类型❻，分别设定不同的隶属度函数式。设 h_n 是由初级指标 h_{nj} 决

❶ 杨爱婷，宋德勇. 中国社会福利水平的测度及对低福利增长的分析——基于功能与能力的视角 [J].
数量经济技术经济研究，2012（11）：3–17.
❷ 贝斯特，凯尔纳. 后现代理论：批判性的质疑 [M]. 张志斌，译. 北京：中央编译出版社，2004：39.
❸ 郑风田. 逆城市化在中国不会成主流 [N]. 环球时报，2013–09–27.
❹ Enrica Chiappero Martinetti. A multidimensional assessment of well–being based on Sen's functioning
approach[J]. Rivista Internazionale di Scienze Sociali，2000：207–239.
❺ Amartya Sen. Freedom，capabilities and public action：a response[J]. Notizie di Politeia，1996，12：1–8.
❻ David Miceli. Measuring poverty using fuzzy sets[M]. Natsem：University of Canberra，1998：29–33.

定的农户福利的第 n 个功能性活动子集，那么农户福利的初级指标可以表示为 $h=[h_{11}，\cdots，h_{nj}，\cdots]$。

当初级指标为连续变量时，隶属度函数式如下 ❶：

$$\mu\left(h_{nj}\right)=\begin{cases}0 & h_{nj}\leqslant h_{nj}^{\min}\\[2mm]\dfrac{h_{nj}-h_{nj}^{\min}}{h_{nj}^{\max}-h_{nj}^{\min}} & h_{nj}^{\min}<h_{nj}<h_{nj}^{\max}\\[2mm]1 & h_{nj}\geqslant h_{nj}^{\max}\end{cases}\qquad(3.1)$$

式中，如果宅基地置换农户第 n 个功能性活动子集的第 j 个指标值大于 $h_{nj}^{\max}$，就表明该福利是最好的，如果指标值小于 $h_{nj}^{\min}$，就表明该福利是最差的。$\mu\left(h_{nj}\right)$ 的数值越大，表明福利越好。

当初级指标为虚拟定性变量时，隶属度函数式如下：

$$\mu\left(h_{nj}\right)=\begin{cases}0 & h_{nj}\leqslant h_{nj}^{\min}\\[2mm]\dfrac{h_{nj}-h_{nj}^{\min}}{h_{nj}^{\max}-h_{nj}^{\min}} & h_{nj}^{\min}<h_{nj}<h_{nj}^{\max}\\[2mm]1 & h_{nj}\geqslant h_{nj}^{\max}\end{cases}\qquad(3.2)$$

式中，$h_{nj}^{\max}$ 和 $h_{nj}^{\min}$ 分别表示 h_{nj} 的最大值和最小值。

（3）宅基地置换农户福利隶属度加总公式。在隶属度确定后，继续运用模糊数学法确定初级指标的权重。❷ 按照公平原则，权重确定需要关注隶属度较低的指标，据此权重的具体公式如下：

---

❶ Andrea Cerioli，Sergio Zani. A fuzzy approach to the measurement of poverty[M]. Springer：Income and Wealth Distribution，Inequality and Poverty，1990：272–284.

❷ Bruno Cheli，Achille Lemmi. A "Totally" fuzzy and relative approach to the multidimensional analysis of poverty[J]. Economic Notes-Siena-，1995：115–134.

$$W_{nj} = \ln\left[\frac{1}{\mu(h_{nj})}\right] \qquad (3.3)$$

式中，$\overline{\mu(h_{nj})} = \frac{1}{i}\sum\limits_{p=1}^{i}\mu(h_{nj})^{(p)}$ 表示农户家庭 i 第 n 个功能子集中第 j 项指标的均值。为了保证在某户农户家庭福利指标隶属度提高，其他农户福利不变的条件下，农户的整体福利水平是增加的，运用的隶属度加总的公式如下：❶

$$f(h_{nj}) = \sum_{j=1}^{k}\overline{\mu(h_{nj})} \times w_{nj} / \sum_{j=1}^{k}w_{nj} \qquad (3.4)$$

式中，k 表示农户福利第 n 个功能性活动子集中共包含有 k 个初级衡量指标。

3.3　实证研究：长三角宅基地置换前后农户福利评估

3.3.1　问卷设计

调查问卷设计是一项实证研究的开始，也是关键。本书遵循问卷设计"合理性、一般性、逻辑性、明确性、非诱导性及便于整理"的原则，针对需要，对不同群体设计了具有不同内容的问卷。

由于本章主要目的是依据宅基地置换补偿政策目标——提高农户福利这一

---

❶ Andrea Cerioli，Sergio Zani. A fuzzy approach to the measurement of poverty[M]. Berlin：Springer，1990：272–284.

标准开展政策绩效评估，因此需要通过问卷了解宅基地置换补偿是否提高了农户福利。此部分问卷主要内容包括以下五个方面。

1. 个人与家庭基本信息

由于调研主要是由经过培训的研究生采用一对一入户调查的形式开展的，因此个人与家庭基本信息部分可以设计成表格形式。设计成表格形式的优点是能够最大限度地获取所需信息，但前提是调查员要经过一定培训。该部分内容主要包括与户主关系、性别、出生年份和文化程度等基本信息，目的是为初步分析被置换农户福利水平的影响奠定基础。

2. 安置房基本信息

本部分主要内容包括了宅基地置换方式、承包地置换方式、所住安置房面积、装修费用、住房结构等。获取这些信息的目的一是为了能够了解被安置农户所住安置房的基本情况，二是为了能够进行置换前后住房状况的对比。

3. 原有宅基地及住房、现有安置房基本信息

由于内容需要被访者进行回忆，所以在调研时耗时较长，为了能够最大限度地获取有效信息，在调研前对调查员进行了为期三天的培训，主要内容包括原有宅基地之上住房面积、装修费用和住房结构等。

4. 保障、环境及心理状况前后对比信息

除了保障对比信息部分，其余环境和心理对比信息采用李克特五级量表的方式进行设计，测量被访者的潜在态度。

5. 问卷有效性检验信息

这部分由调查员填写，根据整份问卷的调查情况，对被访者回答的意愿度、准确度和调查时间进行初步评判，是判断问卷有效性的依据。

3.3.2　研究区域与数据来源

对于已置换农户样本区域的选择，主要采用分层简单随机抽样的方法，在具体抽样过程中结合宅基地项目实施数量、经济发展水平等进行相应调整。自1999年开始，长江三角洲都市圈逐渐形成，并发展成为我国第一大经济中心，被公认为是中国最具有代表性的都市圈。2010年6月，国家发改委根据《国务院关于长江三角洲地区区域规划的批复》（国函〔2010〕38号），明确将长三角规划为我国综合实力的强劲区域，其范围包括上海市、江苏省和浙江省，主要城市有上海和江苏省的南京、苏州、无锡、常州、镇江、扬州、泰州、南通，浙江省的杭州、宁波、湖州、嘉兴、绍兴、舟山、台州16个城市。随着长江三角洲经济的快速发展，随之而来的是城镇化的加速推进，对于城镇建设用地的需求也更加突出。2005年，国土资源部颁布实施的《关于规范城镇建设用地增加与农村建设用地减少相挂钩试点工作的意见》就将江苏和浙江两省定为全国第一批实施宅基地置换项目的试点城市。上海佘山于2002年就开始实施宅基地置换工程❶，走在全国的前列。2004年，上海市颁布了《关于本市郊区宅基地置换试点若干政策意见》和《关于加强土地管理，促进本市郊区宅基地置换试点

---

❶　杨建军，阮丽芬. 农村宅基地置换模式比较与分析——以上海佘山镇、天津华明镇、重庆九龙坡区为例 [J]. 华中建筑，2011（2）：112–115.

的操作意见》，又规划了首批 15 个宅基地置换试点地区。由此可见，宅基地置换也在上海广泛开展。根据上述描述可知长三角开展宅基地置换时间早、范围广，因此适合作为本书的样本区域。

在将长三角确定为样本区域之后，根据地域相近原则选取具体样本城市，地域相近既可以避免因经济发展程度差异造成绩效评估结果误差，也能够方便调研工作开展。调研组具体选取了江苏省南京市、苏州市，浙江省湖州市、嘉兴市和上海嘉定区作为调研样本城市，对样本城市的简要介绍如下：① 南京市作为江苏省省会城市，依托于江苏省开展的万顷良田工程，结合美丽乡村建设，在浦口区、六合区、栖霞区、江宁区、溧水区及高淳区 6 个区开展了宅基地置换工作。江宁区于 2006 年 4 月最先获得国务院批准进行增减挂钩试点，预计将通过宅基地置换完成城乡建设用地增减挂钩指标 81 公顷，并且南京市在"2013 美丽乡村建设会议"上提出，鼓励农户以宅基地和房屋置换国有土地产权房。② 苏州市是江苏省经济最为发达的城市，最早于 2001 年就在全市范围内开展了"三置换"工作（宅基地置换商品房、承包经营权置换土地股份合作社股权或城镇社会保障、分散经营置换规模化经营），至今已开展了十年多的时间。在国土资源部下发城乡建设用地增减挂钩文件后，苏州继续探索多样化的宅基地置换方式，并于 2013 年颁布实施了《关于鼓励积极盘活存量建设用地促进土地节约集约利用的实施意见》（苏府规字〔2013〕4 号）和《关于优化配置城镇建设用地加快城市更新改造的实施意见》（苏府〔2013〕147 号），分别要求进一步强化宅基地置换工作和采取多样化的安置方式，提倡进行留地安置，鼓励农户在宅基地置换中保留集体土地使用权，增加农户土地的财产性收益。③ 湖州市位于浙江北部，紧邻嘉兴，属于长三角都市圈"先行规划、先行发展"的 14 个重点城市之一。自 2006 年开始，湖州市在南浔区、吴兴区及长兴县等地先后开展了宅基地置换项目。④嘉兴市位于浙江省东北部,地处于长三角杭州、嘉兴、湖州平原的中心地带,自 2008 年成为浙江省统筹城乡综合配套改革试点后,在全市范围内开展了"两分两换"(所谓"两分两换"是指宅基地置换和承包地置换相分离,鼓励农户将宅基地置换成集中居住小区房屋,将承包地置换成社保、股权等)工作,成为全国宅基地置换的典型模式。自 2008 年至今,在《中国期刊全文数据库》中就能够检索到 77 篇关于"两分两换"的学术文章,由此可见嘉兴市在宅基地置换中具有代表性。⑤上海嘉定区属于上海西北部郊区,嘉定外冈镇和华亭镇是上海市首批 15 个宅基地置换试点镇之一。

在选取了南京市、苏州市、湖州市、嘉兴市和嘉定区作为样本城市之后,在每个城市的区县随机选取一个宅基地置换项目进行调研。样本中包含了不同方式的宅基地置换项目,各地不同的宅基地置换方式具体见表 3.2。从表中可以看出,大多数地区都采用了宅基地产权置换的方式,只有常熟市采用了土地置换的方式。另外,在承包经营权置换方面,多数地区采用换租金或社保的方式,但也有保持承包经营权不变的地区。课题组于 2013 年 8 月在上述地区展开调研,并在 2013 年 11 月至 2013 年 12 月进行了补充调研,所选地区经济发展水平较高,宅基地置换补偿高于全国。分析这些地区宅基地置换农户的福利水平,对于其他地区改革宅基地置换补偿政策具有先验性的启发作用。

调研由课题组 10 位硕博士研究生团队完成,在每个安置小区随机选取住户进行一对一调查,共发放问卷 245 份,回收有效问卷 217 份,有效率为 88.57%。样本农户的基本情况描述性统计见表 3.3。从性别比例来看,样本中男性所占比例高(58.986%),女性所占比例低(41.014%)。这一方面比较符合整个社会中男女比例,另一方面也是由于本书主要以户主为调研对象,户主男性居多。从年龄来看,主要集中于 46~59 岁这一年龄区间,这同样也是由于本书限定调研对象而产生的结果。从文化程度来看，主要集中于初中和高中这两个阶段，反映出农户总体来说文化程度仍然较低。

表 3.2　样本分布状况

省市	区县	村	称谓	置换方式	有效问卷（份）
江苏省南京市	江宁区	东山街道	拆迁安置	换房 + 换租	32
	浦口区	石桥镇	搬迁安置	换房 + 换租 / 换保	34
江苏省苏州市	张家港市	锦丰镇	拆迁复垦	换房 + 换租 / 换保	27
	常熟市	碧溪镇	农宅置换	换地 + 换保	29
浙江省湖州市	长兴县	林城镇	宅基地复垦	换房 + 留地	28
浙江省嘉兴市	嘉兴市	七星镇	两分两换	换房 + 换保	34
上海	嘉定区	外冈镇	宅基地置换	换房 + 换保	33
合计					217

注：上海市嘉定区土地换社保置换的是"镇保"。"镇保"是指小城镇社会保险，是专门针对失地农户的一种社会保障。

表 3.3　样本农户基本情况描述性统计

变量	定义	样本数量（人）	比例（%）
性别	男	128	58.986
	女	89	41.014
年龄	35 岁及以下	21	9.677
	36~45 岁	56	25.806
	46~59 岁	109	50.230
	60 岁及以上	31	14.286
文化程度	小学及以下	33	15.207
	初中	76	35.023
	高中	62	28.571
	中专	28	12.903
	大专及以上	18	8.295

表 3.4　样本农户福利评估指标数据描述性统计

福利	指标	置换前				置换后			
		最小值	最大值	平均值	标准差	最小值	最大值	平均值	标准差
经济	农业收入（万元）	0	1.1	0.348	0.426	0	0.9	0.219	0.338
	人均非农收入（万元）	0	18	2.435	1.644	0.45	25.4	3.461	2.916
	人均纯收入（万元）	0	5	2.248	1.084	0	8	2.292	2.015
居住	单位装修费用（元）	5	1200	228.341	336.102	0	1520	472.237	872.811
	人均居住面积（m²）	30.271	90.563	61.198	13.521	20.867	60.395	32.857	9.623
	住房结构	1	4	2.903	0.581	3	4	3.779	0.416
	居住管理	1	5	2.650	1.039	1	5	3.783	1.086
保障	养老保障	1	5	3.355	1.468	1	5	4.157	1.211
	失业保障	1	5	3.433	1.153	1	5	3.051	1.796
环境	绿化覆盖	3	5	3.871	0.771	1	5	3.065	1.321
	空气质量	1	5	3.364	1.147	1	5	2.719	1.265
心理	归属感	3	5	4.309	0.721	1	5	2.880	1.362
	生活习惯	1	5	4.258	0.942	1	5	3.737	1.118
	邻里关系	1	5	4.134	0.885	1	5	3.959	0.978

注：（变量赋值说明）在农业收入中，农户利用承包地出租获得的租金收入也算作农业收入；住房结构：钢混 =4，砖混 =3，砖木 =2，其他 =1；养老保障赋值：城镇各类养老保险 =5，新农保 =4，自己储蓄 =3，子女赡养 =2，各类救济或无 =1；失业保障赋值：失业保险金 =5，政府培训、安排或继续种地 =4，先靠自己储蓄后另找工作 =3，各类救济 =2，无 =1；居住管理：在集合中（停车场、下水道、集中垃圾处理、水冲厕、绿化维护）都没有赋值为 1，有一项赋值为 2，两项赋值为 3，以此类推，四项及以上赋值为 5；空气质量：很满意 =5，满意 =4，一般 =3，不满意 =2，很不满意 =1；绿化覆盖：很满意 =5，满意 =4，一般 =3，不满意 =2，很不满意 =1；归属感:很满意 =5，满意 =4，一般 =3，不满意 =2，很不满意 =1；生活习惯程度：很满意 =5，满意 =4，一般 =3，不满意 =2，很不满意 =1；邻里关系：很满意 =5，满意 =4，一般 =3，很不满意 =1。

　　评估样本农户福利水平时所使用指标的数据描述性统计见表 3.4，从表中可以看出：① 在经济方面，置换后农业收入明显减少，从置换前的平均 0.348 元 / 亩减少到置换后的 0.219 元 / 亩；非农收入明显增加，从置换前的 2.435 元 / 人增加到置换后的 3.416 元 / 人；但纯收入却并未明显增加，仅从置换前的 2.248 元 / 人增加到置换后的 2.292 元 / 人，这可能是因为基地置换后虽然农户的非农就业机会增多或者能够有土地股份合作社分红，但伴随支出增加，纯收入并没有得到明显的提高。② 在住房方面，置换后单位装修费用显著增加，平均值从置换前的 228.341 元 /m^2 增加到置换后的 472.237 元 /m^2；人均居住面积显著减少，从置换前的 61.198 m^2/ 人减少到置换后的 32.857 m^2/ 人；住房结构明显改善，置换前集中于砖混结构，置换后钢混结构增多；居住管理同样明显改善，平均值从置换前的 2.650 增加到置换后的 3.783，上述居住状况的描述性统计说明虽然人均居住面积减少，但置换小区质量、管理等都比农村好，使农户的住房条件得到改善。③ 在保障方面，置换后养老保障有所改善，平均值从置换前的 3.355增加到置换后的 4.157。这可能是因为在江浙沪地区，宅基地置换后注重养老保障，各地不断出台征地保障和被征地农户社会保障的文件。以苏州为例，将 16周岁以上的置换农户全部纳入养老保险的范围。但失业保障却不如之前，平均值从置换前的 3.433 减少到置换后的 3.051，失业保障较差的原因可能是置换后很多农户失去了农业就业机会，知识和文化程度不足以使其在城镇拥有非农就业，只能依靠储蓄、救济等方式进行失业保障。④ 在环境方面，置换后绿化覆盖和空气质量状况都显著降低。⑤ 在心理方面，置换后归属感、生活习惯程度及邻里关系都变差，这可能是因为宅基地置换是一种被动式的城镇化，农户还没有适应，心理落差较大。

3.3.3 福利评估指标隶属度区间赋值

从上文宅基地置换农户福利模糊数学函数式可知，在连续变量确定隶属度时需要先确定隶属度区间，本书所用的隶属度区间具体赋值如下。

1. 农业收入隶属度区间

根据入户调查的 217 份有效问卷，计算得到农户最大亩均收益为 11000 元/亩，等于此值时视为福利最好；最小亩均收益为 0 元/亩，0 元的亩均收益说明农户存在抛荒情况，等于此值时视为福利最差。

2. 非农收入隶属度区间

总体上来说，我国城乡二元化结构明显，城镇居民的非农收入显著高于农村，因此将城镇居民人均可支配收入作为农村人均非农收入的最大值。根据调研各省市 2013 年统计年鉴得到苏州市、南京市、浙江省和上海市城镇居民2012 年的人均可支配收入分别为 37531 元、36322 元、34500 元及 40188 元，计算得到各地区平均数为 37135.25 元。可将此作为农村居民人均非农收入的最大值，超过此值视为福利好。最小值为 0 元，当非农收入为 0 元时视为福利最差。

3. 纯收入隶属度区间

根据各地民政局网站信息公开文件，得到苏州、南京、湖州、嘉兴、上海各地 2013 年平均农村居民最低保障标准分别为人均 640 元/月、497 元/月、500 元/月、368 元/月、500 元/月，计算得到各地区平均数为人均 501 元/月，即人均 6012 元 / 年。将此作为人均纯收入的最小值，小于或者等于此值时视为福利最差。将样本排除异常高值之后的人均年收入最大值 42000 元作为隶属度区间的最高值，大于或者等于此值时视为福利最好。

4. 单位装修费用隶属度区间

将样本单位面积装修费用的最大值 1500 元 / m² 作为区间最大值，等于此值时视为福利最好；将样本单位面积装修费用最小值 0 元 / m² 作为区间最小值，等于此值时视为福利最差。单位装修费用为 0 元 / m² 是因为有农户未对安置房进行装修，只是将家具等搬入后即居住。

5. 人均居住面积隶属度区间

按照国住房与城乡建设部公布的 2020 年全面小康社会居住指标，农村人均居住面积需要达到 40 m² [1] 为最大值，大于或者等于此值时视为福利最好；苏州、南京、嘉兴、湖州和上海可申请廉租房的人均住房面积标准分别为 8 m²、8 m²、15m²、15 m² 和 7 m²，计算得到各地平均数为 10.6 m²，将此作为人均居住面积隶属度的最小值，小于或者等于此值时视为福利最差。

3.3.4　福利评估结果

表 3.5 的隶属度说明从农户的总福利情况来看，在宅基地置换前后，农户的福利水平都偏低，处于福利评估模糊临界值 0.5（即不好不坏的福利水平）以下，但置换后较置换前有所上升，福利评估模糊值由置换前的 0.458 上升

---

[1]　程衍方. 中国人居住小康标准解读 [J]. 小康，2005（3）：45-46.

表 3.5　宅基地置换农户福利模糊评价结果

功能性活动	指标类型	隶属度		权重	
		置换前	置换后	置换前	置换后
经济	—	0.421	0.328	0.865	1.114
农业收入	连续变量	0.317	0.199	1.150	1.615
人均非农收入	连续变量	0.605	0.667	0.502	0.405
人均纯收入	连续变量	0.456	0.408	0.785	0.895
居住	—	0.297	0.668	1.215	0.404
单位装修费用	连续变量	0.152	0.582	1.882	0.542
人均居住面积	连续变量	0.979	0.717	0.021	0.332
住房结构	定性变量	0.634	0.926	0.455	0.077
居住管理	定性变量	0.414	0.696	0.883	0.363
保障	—	0.598	0.655	0.514	0.423
养老保障	定性变量	0.589	0.789	0.530	0.237
失业保障	定性变量	0.608	0.513	0.497	0.668
环境	—	0.640	0.468	0.446	0.760
绿化覆盖	定性变量	0.718	0.516	0.332	0.661
空气质量	定性变量	0.591	0.430	0.526	0.845
心理	—	0.806	0.583	0.215	0.539
归属感	定性变量	0.827	0.470	0.190	0.755
生活习惯度	定性变量	0.815	0.684	0.205	0.379
邻里关系	定性变量	0.783	0.740	0.244	0.302
总福利		0.458	0.488	—	—

至 0.488，更加接近不好不坏的水平。在宅基地置换后，福利水平有所下降的分别是经济福利、环境福利和心理福利。其中，环境福利从置换前的较好水平下降至置换后较差的福利水平。在宅基地置换后，福利水平有所上升的分别是居住福利和保障福利。居住福利上升最为明显，由置换前的 0.297 上升至置换后的 0.668。保障福利从置换前的 0.598 上升至置换后的 0.655。另外，表

3.5 的权重说明，经济和环境这两个方面是影响农户整体福利水平的主要因素，经济福利的权重为 1.114，环境福利的权重为 0.760。具体福利评估结果分析如下。

1. 经济福利降幅明显

经济福利评估模糊值从置换前的 0.421 降至置换后的 0.328，降幅明显。在宅基地置换后，大部分农户放弃耕作使农业收入显著降低，农业收入的福利评估模糊值从置换前的 0.317 降至置换后的 0.199。为此，农户积极寻找非农就业机会，人均非农收入的福利评估模糊值从 0.605 升至 0.667，在长三角地区置换前的人均非农收入就处于较高的福利水平，这与经济发达地区农村非农化程度高的事实相符合。虽然人均非农收入的福利评估模糊值有所上升，但人均纯收入的福利评估模糊值却呈下降趋势，从 0.456 降至 0.408。这佐证了上文分析得到的结论，农户支出上升速度超过非农收入增长的速度。由上述三个福利评估指标反映的经济福利总体上呈现变差的趋势，农户无法从宅基地置换中获得经济福利方面的改善。

2. 居住福利升幅明显

居住福利评估模糊值从置换前的 0.297 升至置换后的 0.668，升幅明显。其中，单位装修费用的福利评估模糊值从置换前 0.152 的较差水平升至置换后 0.582 的较好水平。这可能主要是因为长三角多地政府为了开展宅基地置换对宅基地建房审批严格，并且大力宣传宅基地置换政策，使农户对建房和装修持谨慎态度，宅基地置换给予农户改善居住条件的机会。人均居住面积的福利评估模糊值从 0.979 降至 0.717，虽然有所下降，但仍处于较好的福利状况。置换前，人均居住面积存在浪费现象。住房结构的福利评估模糊值从 0.634 升至 0.926，都达到了较好的福利状况,宅基地置换后的安置房大多是钢混结构的中、高层住宅,住房质量改善明显。居住管理的福利评估模糊值从 0.414 升至 0.696，从较差福利水平变为较好福利水平。由上述四个福利评估指标反映的居住福利总体上呈现变好的趋势，农户的住房福利得到显著改善。

3. 保障福利略微上升

保障福利评估模糊值从置换前的 0.598 升至置换后的 0.655，略微有所上升。其中，养老保障的福利评估模糊值在宅基地置换前后都处于较好水平，置换后变得更好，从 0.589 升至 0.789。而失业保障福利评估模糊值却从 0.608 的较好水平降至 0.513 的较差水平。这表明农户因置换而失去的就业机会未能得到补偿。总体上说，由上述两个福利评估指标反映的保障福利呈现变好趋势，福利评估模糊值都处于较好水平。

4. 环境福利降幅较大

环境福利评估模糊值从置换前的 0.640 降至置换后的 0.468，降幅较大。其中，绿化覆盖的福利评估模糊值从 0.718 降至 0.516，但都处于较好水平。这说明长三角置换小区的绿化状况较好。空气质量的福利评估模糊值从 0.591 的较好水平降至 0.430 的较差水平，这可能是由于置换小区周围相对繁华，空气质量下降明显。由上述两个福利评估指标反映的环境福利总体上变差趋势明显。

5. 心理福利降幅最大

心理福利评估模糊值从置换前的 0.806 降至置换后的 0.583，虽然都处于较高的福利水平，但降幅最大。在宅基地置换前，农户的归属感、生活习惯程度及邻里关系都处于较好水平，其福利评估模糊值分别为 0.827、0.815 和 0.783，但在宅基地置换后都呈下降趋势。其中，归属感下降最为明显，从 0.827 的较高水平降至 0.470 的较差水平。由上述三个福利评估指标反映的心理福利总体上呈现变差趋势。

3.4　宅基地置换补偿政策绩效评估结果分析

宅基地置换补偿政策的目标是至少保持农户原有生活水平不变，长远生计有所保障。通过对长三角宅基地置换农户福利水平的评估发现，农户福利水平虽然总体有所上升，但上升幅度很小，仅为 0.03，而且内部结构并不合理，主要依靠居住福利的大幅度提升带动了整体福利改善。其中，保障福利改善微小，经济、环境和心理福利都有不同程度的降低。这可能是因为目前宅基地置换主要采用住房产权安置的方式，政府精力集中于安置房建设，忽略了其他方面。农户福利总体改善并不能说明宅基地置换补偿政策达到了保持农户原有生活水平不变的目标，更未达到保障长远生计的目标，因此需要进一步优化补偿政策。

从福利的变动幅度来看，居住福利的上升幅度最为明显，升幅达到了 0.371，保障福利上升幅度很小，仅为 0.057；而经济、环境和心理福利都有不同程度的下降。虽然经济福利降幅最小，但也下降了接近 0.1，环境和心理福利降幅更为明显。这说明宅基地置换补偿政策并未能关注保障农户长远发展的功能性活动，这会影响长远生计有所保障政策目标的实现。

从不同福利占总体福利的权重来看，在宅基地置换后，经济福利所占权重最高，占总权重的 34.38%（经济福利权重为 1.114，总权重为 3.24）。这说明经济仍是影响置换农户福利水平的最重要因素；环境福利所占权重次之，为 23.46%（环境福利权重为 0.76），说明环境也是影响农户福利水平的重要因素。

3.5 宅基地置换补偿政策绩效影响分析

已有学者对失地农户福利水平影响机理进行了初步分析，高进云继续运用模糊评价法，对比了不同家庭被抚养人口、文化程度、地区经济的农户福利水平模糊评估值的差异 ❶，但并未对不同农地城市流转方式进行区分。郭玲霞运用结构方程模型对失地农户的福利水平影响机理进行了分析，但仅分析了征地面积和征地补偿对农户福利的影响，忽视了其他因素。❷ 由此可见，学者们对影响机理的研究仍处于初步探索阶段。

森在运用可行能力进行福利评估时指出，当转换因素不同时，拥有相同功能性活动的人们也会有不同的福利水平，这是因为人们将这些功能性活动转换成福利的客观环境不同。比如，同样成绩的两名高中生，一名生源地在北京，另一名生源地在山东，北京户籍高中生能够上北京大学，而山东户籍的高中生却很困难。这就是因转换因素不同导致相同的功能性活动并不能转换成同样的福利水平，这种有差异的个人、环境等客观因素被称作转换因素。森指出人们

---

❶ 高进云,乔荣锋,张安录.农地城市流转前后农户福利变化的模糊评价——基于森的可行能力理论 [J].管理世界，2007（6）：45–55.

❷ 郭玲霞.农地城市流转对失地农户福利影响及征地补偿研究 [D].武汉：华中农业大学，2012：87–127.

怎样使用给定的商品束，并将这些转化为福利的关键在于一系列偶然的个人和社会状况 ❶，并认为这些偶然状况主要有五个来源：① 不同性别、年龄、文化程度等个人的异质性；② 不同气候、地区经济发展水平等环境的多样性；③ 不同基础教育、治安状况等社会氛围的差异；④ 不同人脉资源等人际关系的差别；⑤ 不同家庭地位、与家庭人员间关系等家庭内部分配的差异。本章根据森提出的福利转换因素理论，结合宅基地置换实际，选用农户的年龄和文化程度作为个人的异质性，分析这两方面差异对农户将各功能性活动转化为福利的影响，从而说明这两方面是如何影响农户在宅基地置换前后福利变化的。选用宅基地置换方式和地均 GDP 作为社会特征，分析这两方面差异对农户将功能性活动转化为福利的影响。在不同转换因素下，农户宅基地置换前后福利的具体变化状况见表 3.6。

从表 3.6 不同个人与社会特征下宅基地置换前后农户福利水平的比较中可以得到以下几点结论。

（1）从整体福利方面来看。① 整体福利上升较为明显的是具有高中文化程度和进行换地换社保的农户，他们的福利水平在宅基地置换后上升了接近 0.1 个模糊评价值。这说明农户的文化水平和置换方式对宅基地置换农户的福利水平有影响，文化水平较高、未失去宅基地、获得社会保障的农户能够通过宅基地置换显著改善福利。② 在宅基地置换后，农户整体福利变化非常小，接近于不变（前后差值几乎为 0）的是苏州和南京地区进行的宅基地置换。这说明这两个地区的宅基地置换补偿政策虽然能够达到保证农户生活水平不降低，但并不足以维持农户长远生计，还有待于进一步探索和完善宅基地置换补偿政策。

---

❶　Robert Erikson, Rune Aberg. Welfare in transition : A survey of living conditions in Sweden [M]. Oxford : Oxford University Press, 1987 : 1968–1981.

表 3.6　不同年龄、文化程度、置换方式及地均 GDP 对置换农户福利变化的影响

影响因素		经济		居住		保障		环境		心理		总计	
		前	后	前	后	前	后	前	后	前	后	前	后
年龄	≤35	0.416	0.308	0.296	0.672	0.612	0.643	0.638	0.506	0.796	0.597	0.458	0.487
	36~45	0.431	0.335	0.314	0.686	0.613	0.639	0.645	0.472	0.782	0.559	0.473	0.489
	46~59	0.426	0.367	0.281	0.641	0.576	0.657	0.642	0.459	0.813	0.582	0.448	0.502
	≥60	0.384	0.291	0.263	0.687	0.559	0.652	0.653	0.425	0.852	0.465	0.421	0.442
文化程度	≤小学	0.372	0.276	0.239	0.675	0.559	0.661	0.663	0.452	0.873	0.492	0.402	0.500
	初中	0.403	0.311	0.315	0.652	0.597	0.653	0.641	0.465	0.822	0.587	0.461	0.479
	高中	0.435	0.334	0.331	0.679	0.601	0.652	0.643	0.471	0.805	0.586	0.481	0.560
	中专	0.447	0.372	0.269	0.608	0.632	0.653	0.633	0.521	0.810	0.592	0.451	0.518
	≥大专	0.419	0.354	0.301	0.658	0.653	0.654	0.646	0.467	0.807	0.589	0.464	0.501
置换方式	换地换保	0.405	0.381	0.257	0.642	0.567	0.658	0.638	0.472	0.809	0.597	0.428	0.514
	换房换保	0.432	0.365	0.312	0.625	0.594	0.715	0.645	0.486	0.817	0.561	0.469	0.506
	换房换租	0.428	0.316	0.307	0.654	0.581	0.649	0.637	0.465	0.804	0.548	0.464	0.476
	换房留地	0.396	0.297	0.293	0.671	0.596	0.598	0.621	0.481	0.826	0.591	0.446	0.472
地均GDP	嘉定	0.463	0.371	0.356	0.721	0.605	0.687	0.615	0.529	0.792	0.607	0.500	0.531
	苏州	0.435	0.326	0.316	0.671	0.621	0.661	0.643	0.428	0.801	0.597	0.475	0.478
	南京	0.406	0.267	0.298	0.695	0.572	0.634	0.648	0.472	0.826	0.558	0.451	0.453
	嘉兴	0.429	0.316	0.302	0.606	0.586	0.653	0.651	0.492	0.807	0.542	0.463	0.478
	湖州	0.411	0.307	0.291	0.655	0.578	0.649	0.638	0.425	0.836	0.565	0.448	0.464

注：根据各市区 2013 年统计年鉴，上海、苏州、南京及嘉兴 2012 年的地均 GDP 依次是：3.183 亿元 / 平方千米、1.415 亿元 / 平方千米、1.093 亿元 / 平方千米和 0.738 亿元 / 平方千米，由于湖州统计年鉴更新较慢，故使用的是 2008 年的数据，其地均 GDP 为 0.178 亿元 / 平方千米。

（2）从具体福利方面来看。① 虽然经济福利整体都在下降，但年龄处于46~59 岁，以及换地换社保农户的经济福利降幅较小。这可能是由于长三角地区中年农户以非农业为主要收入来源，所以宅基地置换对其影响不大，同时换地、换社保能够继续保持农户原有的生活习惯，使其能够在原有的社会关系中寻求资源，所以这种方式下对农户的经济福利影响也不显著。② 年龄处于 60 岁及以上、文化程度在小学及以下，以及参加换房换社保农户的保障福利升幅明显（升幅都在 0.1 左右）。这可能是由于宅基地置换前，年龄较长、文化程度较低的农户主要以农地为保障，置换后他们获得了社保等，所以保障福利有所改善，但这也从另一方面反映出，不采用换社保方式的宅基地置换可能会影响这部分农户的保障福利。③ 虽然环境和心理福利在置换前后的降幅都很明显，但同样是年龄处于 60 岁以上、文化程度在小学以下的农户的环境和心理福利降幅最为显著。这说明这部分群体在宅基地置换后是福利最易受到影响的群体。由于居住福利前后上升幅度在不同异质性特征的群体中差异不大，因此不再做进一步的分析。

3.6　本章小结

本章根据印度经济学家阿玛蒂亚·森的可行能力福利理论，运用模糊数学评估法，在对长江三角洲地区 217 户宅基地置换农户实地调查获得数据的基础上，通过评估宅基地置换农户的福利水平评估宅基地置换补偿政策绩效，是依据政策目标进行的政策评估。政策评估结果发现，宅基地置换补偿政策绩效一般、未达到预期目标时，需要提高对农户经济、保障、环境和心理方面的补偿标准，同时优化补偿结构。具体分析过程和得到的结论作如下简要说明。

（1）根据政策绩效评估中的政策目标评估思路，通过对宅基地置换补偿政策文本中相关表述的分析，得到宅基地置换补偿政策的目标是保证农户现有生活水平和长远生计。在森的福利定义中，福利不仅包括现状，还包括未来发展的自由。由此可见，农户福利能够代表宅基地置换补偿政策目标，因此以农户福利为标准来评估宅基地置换补偿政策绩效。

（2）根据森的可行能力福利理论，结合政策绩效评估是对现实结果评估的事实，决定在功能性活动范围内对宅基地置换农户福利水平进行评估，即根据农户现有福利水平评估宅基地置换补偿政策绩效。根据国内外学者运用可行能力福利理论进行分析时选取的福利评估指标，结合宅基地置换实际，最终选择用于评估宅基地置换农户福利的功能性活动：经济、居住、保障、环境和心理这五个方面。在运用模糊数学方法进行福利评估时，经济功能性活动选用了农业收入、非农收入及纯收入作为评估指标；居住功能性活动选用了单位装修面积、人均居住面积、住房结构和居住管理作为评估指标；保障功能性活动选用了养老保障和失业保障作为评估指标；环境功能性活动选用了绿化覆盖状况和空气质量作为评估指标；心理功能性活动选用了归属感、生活习惯程度及邻里关系作为评估指标。在确定了评估指标的基础上，根据调研实际情况及以往学者的研究成果，确定各指标的隶属度区间赋值。

（3）通过对长江三角洲地区 217 户宅基地置换农户福利的评估发现，在宅基地置换后，农户的总福利水平虽然有所上升，福利评估模糊值从 0.458 上升至 0.488，但内部结构不合理，并非所有福利状况都有所改善。各功能性活动中除了居住和保障福利有所改善外，其余福利都有不同程度的降低。其中，心理福利的降幅最大，从置换前的较好水平降低到了置换后的较差水平。由此可知，宅基地置换补偿政策并未达到预定目标，虽然政策总体绩效表现为提高了农户福利水平，但这主要是依靠居住福利的显著改善带动的，内部结构并不合理，政策绩效有待进一步改善。因此，需要通过增加经济、保障、环境和心理方面的补偿来优化宅基地置换补偿政策，以期达到预定的政策目标。

除此之外，通过宅基地置换后各具体福利占总福利的不同权重可知，经济福利所占权重最高，环境福利次之。这表明经济和环境福利能够较为明显地影响宅基地置换补偿政策的绩效。若在这两个方面优化补偿，能够更为有效地提高宅基地置换补偿政策绩效。

（4）通过比较具有不同个人特征和社会特征的群体在宅基地置换前后福利的变化情况，可得出这一结论：年龄、文化程度是影响宅基地置换农户福利水平的重要因素，年龄越长、文化程度越低的农户在宅基地置换后保障福利改善越明显，但心理和环境福利却下降显著；宅基地置换方式中的换地换社保方式能够在整体上较为显著地提高农户福利水平，并且也能够较少影响农户的经济福利。上述结论表明年龄、文化程度和置换方式对农户福利有影响。

第 4 章　宅基地置换补偿政策标准：
农户福利精确量化

通过第 3 章的调研与实证研究发现，由于目前宅基地置换补偿政策因为补偿内部结构不合理，所以未能很好地实现保持和提升农户福利水平的目标。另外，上一章在进行农户福利评估时，运用的是模糊评估法，是一种较为抽象的方法，虽然能够反映农户福利的变化趋势和政策的总体绩效，但对制定具有可操作性宅基地置换补偿政策的指导意义并不强。这也是学者高进云在对农地城市流转中农民福利变化进行研究后，认为有待进一步研究的方向。他认为"若能将农民的福利变化完全用货币表示，那么对实践的指导作用将非常显著"。[1] 为了能够向政策制定者提供更加具体和可操作的政策方案，本章仍从农户福利视角出发，进一步量化测算宅基地置换中的农户福利，试图完成发现问题后，能够实际解决问题，为制定有利于改善农户福利的置换补偿政策提供具体建议。

虽然 2012 年国务院常务会议通过的《土地管理法修正案（草案）》删除了征地补偿"30 倍上限"内容，国家也不断地要求各地政府提高征地安置补偿标准，

---

[1]　高进云. 农地城市流转中农民福利变化研究 [D]. 武汉：华中农业大学，2008：110.

但在广泛开展的宅基地置换中，各级地方政府仍主要按照房屋重置价和农用地补偿价对置换农户进行补偿。补偿标准偏低是置换农户福利受损的主要原因，国家信访局副局长张恩玺表示，2013 年 1 月—2013 年 10 月，信访反映最突出的是农村土地征用问题。在群体性上访事件中，有 60% 与土地有关，土地纠纷上访占社会上访总量的 40%。其中，征地安置补偿纠纷占到土地纠纷的 84.7%。❶

　　上述现实要求学者们对宅基地安置补偿标准进行研究，但目前关于农地征用补偿标准的研究较多，而关于宅基地置换补偿标准的研究却较少。此外，第 3 章中的研究结论也发现，宅基地置换补偿政策虽然总体上提高了农户的福利水平，但内部结构并不合理，现有文献中仅有少数学者从农户受偿意愿、宅基地基本权能与功能效用和法律、法规完善这三个方面对宅基地补偿展开研究 ❷❸❹❺，存在过于主观、局限及可操作性不强等不足。也有学者提出要根据房地合一的市场价进行补偿，理由是国有土地上房屋的征收与拆迁是按照地价和房价一并补偿给房屋所有权人的原则进行的。❻但由于农村宅基地及房屋缺乏市场价评估的参照实例，而且承担着重要的保障等福利，故采用房地合一的市场价补偿存在技术与现实的双重困难。陈小君也认为，应当构建宅基地使用权与其建筑物各自独立的最低补偿标准。❼那么，如何制定科学合理

---

❶　刘守英. 警惕：现行土地制度的五个不可持续 [J]. 半月谈，2013（19）：38–39.

❷　许恒周. 基于农户受偿意愿的宅基地退出补偿及影响因素分析——以山东省临清市为例 [J]. 中国土地科学，2012，26（10）：75–81.

❸　胡银根，张曼，魏西云，等. 农村宅基地退出的补偿测算——以商丘市农村地区为例 [J]. 中国土地科学，2013（3）：29–35.

❹　韩松. 新农村建设中土地流转的现实问题及其对策 [J]. 中国法学，2012（1）：19–32.

❺　陈小君. 农村集体土地征收的法理反思与制度重构 [J]. 中国法学，2012（1）：33–44.

❻　王太高. 论集体土地上房屋征收补偿立法模式——基于宪法规范的展开 [J]. 苏州大学学报（哲学社会科学版），2013（1）：66–71.

❼　陈小君. 农村集体土地征收的法理反思与制度重构 [J]. 中国法学，2012（1）：33–44.

的宅基地置换补偿标准？同时如何补偿？补偿多少？这也是被置换农户最关心的问题。

《国务院关于深化改革严格土地管理的决定》和 2013 年"中央一号文件"都提出要确保被征地农户生活水平有所提高，长远生计有所保障。2014 年，"中央一号文件"进一步提出要改变对被征地农户的补偿办法，必须对农户的住房、社保、就业培训给予合理保障，确保被征地农户长期受益。这些高规格的政策文件表明，宅基地置换补偿不仅要保证农户生活水平，而且要解决农户长远发展问题。福利被认为能够综合反映一个人的生活水平、发展潜能和幸福指数，因此可以依据福利来研究宅基地置换补偿标准。本书根据福利经济学的补偿理论及阿玛蒂亚·森的福利理论，综合运用不同测算方法，以江苏省苏州市为例，基于保障和提高农户福利水平来研究宅基地置换补偿标准。

4.1　福利补偿理论分析

4.1.1　卡尔多福利补偿理论分析

福利经济学中的卡尔多补偿标准，即潜在帕累托改进认为，如果一项社会政策变革，使一部分人受益而另一部分人受损，受益者能够在完全补偿受损者福利损失之后还有剩余，那么这项政策变革就是可取的。❶ 运用此理论对宅基地置换补偿进行分析，要明确对谁补偿、补偿什么、怎样补偿，据此构建的宅基地置换补偿测算理论分析框架见图 4.1。

---

❶　姚明霞. 福利经济学 [M]. 北京：经济日报出版社，2005：5，22.

首先，明确应该对谁进行补偿。卡尔多福利补偿标准认为谁是利益受损者，谁就应该获得补偿。宅基地置换过程可以这样概括：政府通过宅基地征收、土地整理、城乡建设用地增减挂钩等方式将农户住宅进行拆除、宅基地进行整理，使自然分散居住的农户集中起来，然后将节约出来的集体建设用地复垦为耕地换取城镇建设用地指标，或者作为工商业用地提供给用地者。在此过程中，农户失去了房屋、宅基地使用权与发展权，是最直接的利益受损者，因此需要对农户进行补偿。以农户作为补偿基本单位，是因为我国《土地管理法》规定一户只能申请一处宅基地，宅基地以户为单位。

图 4.1　宅基地置换补偿理论分析框架

其次，明确应该补偿什么。根据福利补偿理论中"损失什么，补偿什么"的原则，需要对受损者福利损失进行补偿，即需要对农户因宅基地置换而损失的那些福利（称为置换福利损失）进行补偿。但福利被认为是人文社会科学领域争议最多的概念之一，至今未有统一界定。本书使用诺贝尔经济学奖获得者——印度经济学家阿玛蒂亚·森提出的福利概念。福利是指一个人实际能做什么和能成为什么❶，强调一个人的福利包括现在的状况和未来的选择自由。根据该定义，宅基地之于农户的福利是指农户利用宅基地的现状与未来利用的自由，这与农户宅基地使用权与发展权所指向的内容一致。

---

❶　Amartya Sen. Capability and well-being[M]. Oxford：Clarendon Press，1993：221.

4.1.2 福利损失衡量方法

1. 福利损失衡量方法：可行能力方法

到底应该怎样补偿？如何衡量农户因宅基地置换而损失的福利？森在衡量福利时采用的是可行能力方法，正如上文所述，该方法的核心内容是通过衡量"已实现的功能性活动"和"可行能力"来衡量福利。功能性活动是指人们认为值得去做的事物或者达到的状态，与通常所用的"功能"一词意思相近，已经实现的功能性活动称为功能福利，反映当下状况。森举例功能性活动可以包括吃、穿、住、行、读书、看电视和社会参与等。可行能力是指各种潜在的、有可能实现的功能性活动集合，称为可行能力福利，反映人们选择各种功能性活动的实质自由。森例举一个人的可行能力就是对于此人可行的、列入清单的所有活动的各种组合。将此界定运用到宅基地置换中可知，农户已经享用的宅基地功能是宅基地功能福利，各种潜在的、未来有可能享用的宅基地功能集合是宅基地可行能力福利。

森在运用可行能力方法时强调，通过可行能力衡量福利比通过功能性活动衡量福利更为重要。如果一个人的福利能够用有序数组（a，A）来表示，其中 a 表示已实现的功能，A 表示可行能力（功能集合）。虽然不管可行能力集合 A 所包含的具体内容是什么，此人已实现的功能都是 a，但当可行能力分别是集合 $A=\{a\}$ 和集合 $A=\{a, b\}$ 时，此人的福利状况是不同的，后者的福利水平优于前者。因为后者有选择自由，而前者别无选择。据此可知，常年在外打工农户和置换农户虽然实际上都没有享用宅基地的各项功能，但前者拥有的宅基地福利高于后者，因为打工农户在就业失败后仍可以选择回乡享用宅基地功能，而置换农户却失去了这样的机会。在森看来，更重要的是对失去的这种机会进行补偿，即对可行能力的补偿。

2. 农户宅基地置换福利损失衡量

由上述分析可知，宅基地置换造成的农户福利损失可以通过同时衡量已实现的功能和可行能力损失来获得，而衡量可行能力损失更为重要。一方面是因为不同农户实际享用的宅基地功能千差万别，区分起来难度和工作量都较大，按此补偿将会出现同地不同价情况。如甲农户享用了宅基地居住功能；乙农户不仅享用了宅基地居住功能，还通过宅基地出租、家庭经营等活动享用了经济功能；丙农户依靠宅基地养老，享用了宅基地居住和养老功能。上述仅列举了三种情况，倘若对某一地区所有农户享用的宅基地功能加以区分，不仅增加了置换补偿工作难度，而且还可能出现农户千方百计创造条件利用宅基地（如搭建各种违章建筑等）来获取更多补偿的情况，造成资源浪费。另一方面是因为测量可行能力更为便捷和公平。虽然有学者认为可行能力不能被直接观察，测量起来也存在难度 ❶，但这一结论是针对整体福利而言的，而测量同一物品给同一群体带来的功能集合并不困难，即测量宅基地之于农户的功能集合并不困难。另外，由于宅基地之于农户的功能集合是一致的，根据一致内容进行补偿也更为公平。综合上述两方面的原因，本章侧重于对农户有可能享用的各项宅基地功能集合损失进行补偿，即侧重对宅基地可行能力福利损失补偿。

---

❶　高进云,乔荣锋,张安录.农地城市流转前后农户福利变化的模糊评价——基于森的可行能力理论 [J]. 管理世界，2007（6）：45–55.

4.2 农户宅基地置换福利损失构成及补偿思路

胡银根、张曼等认为，宅基地功能包括住房保障、生产要素和期权价值这三个部分。❶ 本书运用森的福利理论，借鉴以往学者研究成果，根据宅基地置换实际来分析农户宅基地置换福利构成。宅基地置换包含了房屋置换和宅基地置换两项内容，房屋和宅基地具有居住、经济、保障、环境和心理五个功能，这五个功能汇总而成的功能集合构成了农户宅基地置换可行能力福利，这五个功能不同的排列组合构成了农户宅基地置换功能福利。由于农户宅基地置换福利的五个功能对于农户来说发挥效用的原理不同，因此需要按照不同思路进行补偿，具体补偿思路见图4.2。

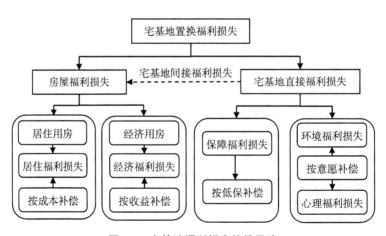

图 4.2 宅基地福利损失补偿思路

---

❶ 胡银根，张曼，魏西云，等.农村宅基地退出的补偿测算——以商丘市农村地区为例 [J].中国土地科学，2013，27（3）：29–35.

4.2.1 房屋福利损失及补偿思路

农户因失去房屋而损失的功能集合称为房屋福利损失，包括居住福利损失和经济福利损失。房屋建于宅基地之上，是宅基地的载体，因此房屋福利损失也体现了宅基地的间接福利损失。

农户在宅基地上建造的房屋按照用途不同可分为居住用房和经济用房两种。虽然居住用房的所有权归农户，但法律严格限制其流转，所以居住用房事实上无交易市场和市场价值，仅具有居住功能。农户通过享用居住功能而得到的福利称为居住福利。在宅基地置换后，农户将损失居住福利，因此需要对该福利损失进行补偿。居住福利通过住房成本体现，住房成本越高，农户居住就越舒适，故按照成本逼近法对居住福利损失进行补偿。

另外，法律允许农户利用宅基地上的房屋进行出租和小规模经营来获取收益，此类房屋称为经济用房，它与宅基地共同作为生产要素为农户提供经济收益。农户通过享用经济收益而得到的福利称为经济福利，在宅基地置换后，农户将损失经济福利，因此需要对该福利损失进行补偿。经济福利通过经济收益体现，收益越高，农户生活就越好，因此按照收益还原法对经济福利损失进行补偿。在很多情况下，宅基地上的同一房屋既用于居住，又用于经营和出租，按照上述分析，应先将房屋都按照成本进行补偿，用于经营和出租的面积部分，需要再按照收益进行补偿。

4.2.2 宅基地福利损失及补偿思路

农户因失去宅基地而损失的功能集合称为宅基地福利损失，包括保障福利损失、环境福利损失和心理福利损失。

首先，宅基地具有保障功能，能够为农户提供住房、养老及就业三个方面的保障。孟勤国、陈柏峰认为宅基地具有安居乐业的居住保障功能 ❶❷，张怡然提出宅基地具有以房养老的养老保障功能。❸ 但宅基地的养老保障功能并不直接表现为养老金，而是依托在居住保障之中。由于当农户有房可住时，居住养老功能随即产生，所以补偿了居住保障福利损失后无须再重复补偿养老保障福利损失。宅基地除了具有上述学者提到的居住和养老保障功能以外，还具有就业保障功能。倘若农户失业，仍可以通过利用宅基地经营庭院经济等获取就业机会。由此可见，补偿保障福利损失是指补偿居住保障和失业保障功能损失。农户通过享用保障功能而获得的福利称为保障福利。在宅基地置换后，农户将损失保障福利，因此需要对该福利损失进行补偿。农户只要拥有宅基地，保障福利就始终存在，它们并不会因为农户未利用宅基地进行保障而消失。这类似于城镇已就业居民仍拥有失业保障，有住房居民仍拥有住房公积金。宅基地给予农户的都是最低层次保障，是对农村社会保障制度不足的一种补充，相当于城镇住房困难居民的最低住房保障，以及城镇低收入居民的最低生活保障，因此可按照替代方法对保障福利损失进行补偿。

其次，宅基地具有环境功能。宅基地位于农村，农户在农村生活能够获得优

---

❶ 孟勤国. 物权法开禁农村宅基地交易之辩 [J]. 法学评论，2005（4）：25–30.

❷ 陈柏峰. 农村宅基地限制交易的正当性 [J]. 中国土地科学，2007，21（4）：44–48.

❸ 张怡然，邱道持，李艳，等. 农民工进城落户与宅基地退出影响因素分析——基于重庆市开县 357 份农民工的调查问卷 [J]. 中国软科学，2011（2）：62–68.

于城市的空气和绿化等。章波、唐健等认为宅基地具有农村景观和生态吸引力；❶
江辉、焦卫平等认为宅基地承载着农村清新空气和田园风光。❷ 由此可见，宅基
地具有环境功能，农户通过享用环境功能而获得的福利称为环境福利，在宅基地
置换后，农户将损失环境福利，因此需要对该福利损失进行补偿。环境福利损失
补偿价无法通过市场价值来直接体现，它是一种因人而异的福利，因此运用在资
源环境衡量领域最为广泛和成熟的条件价值评估法（CVM）来间接测算。❸

　　最后，宅基地具有心理功能。村落依托于宅基地而形成，宅基地承载着
农户邻里情、故乡情等各种心理。冯双生、张桂文认为，宅基地为农户提供了
他们习惯的生活和生产风俗。❹ 朱启臻、芦晓春认为，农户对宅基地保持有深
厚的感情，他们将宅基地与自我视为一体。❺ 徐瑞祥、周炳中，认为农村宅基
地对于农户而言是社会心理的依托。❻ 由此可见，宅基地之于农户具有心理功
能，外在表现为乡村文化。农户通过享用心理功能而获得的福利称为心理福
利。在宅基地置换后，农户将损失心理福利，因此需要对该福利损失进行补偿。
心理福利损失补偿价也无法用市场价值来体现，因此同样用条件价值评估法
（CVM）来测算。

---

❶ 章波，唐健，黄贤金，等 . 经济发达地区农村宅基地流转问题研究——以北京市郊区为例 [J]. 中国
土地科学，2006，20（1）：34–38.

❷ 江辉，焦卫平，路婕，等 . 关于中国农村宅基地使用权流转问题的探讨 [J]. 中国农学通报，2007，
23（12）：376–380.

❸ Nick Hanley, Clive Spash, Lorna Walker. Problems in valuing the benefits of biodiversity protection[J].
Environmental and Resource Economics，1995，5（3）：249–272.

❹ 冯双生，张桂文 . 宅基地置换中农民权益受损问题及对策研究 [J]. 农业经济问题，2013（12）：
31–39.

❺ 朱启臻，芦晓春 . 论村落存在的价值 [J]. 南京农业大学学报（社会科学版），2011（1）.

❻ 徐瑞祥，周炳中 . 宅基地置换工程的效益内涵及其量度 [J]. 建筑管理现代化，2007（1）：14–17.

4.3　农户宅基地置换福利损失补偿款测算方法

4.3.1　居住福利损失补偿款测算方法

宅基地属于农村住宅用地，大多数农户主要将其用于建造住房以供自己居住，因此宅基地最主要的功能是居住功能。以关江华，程连生等为代表的绝大多数学者都认为，宅基地的主要作用是为农户提供住房建造场所，解决农户居住问题。❶❷ 居住福利的货币表现形式是住房成本，可采用成本逼近法，通过测算住房与装修现价来间接测算居住福利损失补偿价。成本逼近法的基本原理是根据开发宅基地时各项费用的现值来估价，测算公式为：

$$\text{单位宅基地居住福利损失补偿价 } P_1$$
$$= (\text{住房现价 } P_{11} + \text{装修现价 } P_{12}) / s \tag{4.1}$$

式中，s 表示样本宅基地总面积。住房现价 $P_{11} = \sum_{i=1}^{n}(u_i \times q_i \times s_i)$，其中 n 表示样本数量、u_i、q_i 和 s_i 分别表示第 i 位农户住房基本重置单价、住房成新率和住房面积。住房成新率 $q_i = (1 - t/T) + q'$，t 表示建筑物已使用年限（若住房进行改建、翻建，t 的起点为改建、翻建竣工年份），T 表示建筑物耐用年限（超过耐用年限，按照耐用年限计算），q' 表示建筑物成新调整率。

---

❶　关江华，黄朝禧，胡银根. 基于 Logistic 回归模型的农户宅基地流转意愿研究——以微观福利为视角 [J]. 经济地理，2013（8）：128–133.

❷　程连生，冯文勇，蒋立宏. 太原盆地东南部农村聚落空心化机理分析 [J]. 地理学报，2001，56（4）：437–446.

装修现价 $P_{12} = \sum_{i=1}^{n} P_i$，其中 P_i 表示第 i 位农户 2013 年的装修现价，按照考虑通货膨胀下的直线折旧法来计算 P_i，具体计算公式如下：

$$P_i = \begin{cases} P_i^m \times \mathrm{CPI}_{2013} \times \mathrm{CPI}_{2012} \times \cdots \times \mathrm{CPI}_{m+1} - D \times t & t \leq 10, m < 2013 \\ P_i^m \times q'' & t > 10 \end{cases} \quad (4.2)$$

式中，P_i^m 表示第 i 位农户 m 年的装修价格，CPI 表示不同年份农村居民消费建房及装修材料的价格指数，t 表示已使用年限，D 表示年折旧额，q' 表示残值率。根据苏州市住房和城乡建设局文件《关于公布 2011 年度苏州市房屋装修及附着物参考价格的通知》（苏住建房〔2011〕10 号），装修设备的耐用年限为 10 年，当 t 不满 10 年时，按照年折旧额 $D = (P_i^m \times \mathrm{CPI}_{m+1} \times \mathrm{CPI}_{m+2} \times \cdots \mathrm{CPI}_{m+9} - P_i^m \times \mathrm{q}'')$ /10 测算现价（2013 年以后的 按照 2013 年估算）；当 t 超过 10 年时，按照残值测算现价。

4.3.2　经济福利损失补偿款测算方法

宅基地置换作为政府主导工程，仅对合法内容进行补偿。目前，我国《土地管理法》严格限制宅基地买卖，因此在现有政策下，宅基地之于农户合法的经济功能只能通过经营庭院经济和出租实现。经济福利的货币表现形式是经济收益，经济收益由以下两部分组成：一是，农户利用宅基地之上房屋进行生产（称为经营用房），从中获取生产经营收益；二是，农户利用宅基地之上房屋进行出租（称为租赁用房），从中获取租赁收益。农户建造上述房屋的目的是获取收益，因此采用收益还原法来测算经济福利损失，其基本原理是将未来各年的预期收益根据还原率折现，测算公式为：

$$单位宅基地经济福利损失补偿价 P_2$$

$$= （生产经营收益 P_{21} + 租赁收益 P_{12}）/s \qquad （式4.3）$$

式中，生产经营收益 $P_{21} = （O \times S_1）/r$。$O$ 表示单位宅基地连同经营用房的年纯收益。当农户利用宅基地建造经营用房进行生产并从中获取收益时，宅基地及之上经营用房并非唯一生产要素投入，还有机器设备等其他生产要素投入，此时剥离出宅基地连同经营用房的纯收益较为困难。而宅基地连同经营用房的作用相当于同一区位租用相同面积厂房的作用，根据等效替代原则，用同一区位单位集体建设用地厂房的平均年租金来替代 O。S_1 表示生产经营用房面积，并非宅基地之上所有面积的房屋都能用来进行生产经营。目前，法律只允许农户利用宅基地进行小规模的生产经营。也就是说，只有建于宅基地之上的小部分房屋才具有生产经营功能，才能给农户带来经济福利。因此，在计算生产经营收益前，先要确定经营用房面积。而在功能范围内和在可行能力范围内测算生产经营收益所需使用的经营用房面积是不同的。当在功能范围内测算生产经营收益时，使用的是实际生产经营面积，即有多少面积用于生产经营，就给多少补偿，没有面积用于生产经营，就不给予补偿。当在可行能力范围内测算生产经营收益时，使用的是可能的、潜在的生产经营面积。在现有经济发展水平、制度环境下，农户有可能使用多少面积进行生产经营，依据这些有可能用于生产经营的面积来测算生产经营收益。即使有些农户当下并未使用这些面积进行生产经营，但未来他们有可能需要使用，他们有这种权利和自由。因此，不管农户是否利用这些面积进行生产经营，都按照生产经营的补偿标准对之进行补偿，体现的是对这种权利和自由的补偿。r 表示还原率。

租赁收益 $P_{22} = （R \times S_2）/r$。其中，$R$ 表示单位宅基地连同租赁用房的年纯收益，S_2 表示租赁用房面积，同样该面积在功能和能力范围内是不同的。r 表示还原率。

4.3.3　保障福利损失补偿款测算方法

根据上文分析，宅基地之于农户的保障福利包括居住保障和就业保障两个方面，根据等效替代原则，其货币表现形式是最低住房保障金和最低生活保障金，测算公式为：

$$单位宅基地保障福利损失补偿价 P_3$$
$$= 单位居住保障金 P_{31} + 单位就业保障金 P_{32} \qquad （式4.4）$$

式中，单位居住保障金 $P_{31} = (b \times c \times a)/s$。宅基地是农户的安身立命之本，农户拥有宅基地意味着至少能够保障有房可住，该作用相当于城镇住房困难家庭最低住房保障的作用。根据等效替代原则，可以采用政府对城镇住房困难居民家庭的一次性购房补贴来测算宅基地住房保障金。b 表示城镇住房困难居民户均单位面积购房补贴，c 表示城镇住房困难居民人均住房保障面积，a 表示户均人口数，s 表示户均宅基地面积。

就业保障金 $P_{32} = \{M_0 \times [(U_m - a') \times C_m + (U_w - a') \times C_w] \times N'\}/S_t$。宅基地的就业保障价值主要体现在以下两个方面：① 辅助农业生产。我国家庭联产承包责任制下的农业生产要求耕作半径小、劳动力密集，宅基地正是起到了缩小耕作半径、方便耕作的辅助农业生产作用。在宅基地置换后，即便未置换耕地，但由于耕作半径变大造成农业生产成本增加，使很多以种地为生的农户放弃继续种地，导致失业。② 提供就业机会。在经济发达地区，繁荣发展的工商业使很大一部分农户利用宅基地进行生产经营和出租。在宅基地置换后，这部分农户面临失业的风险。综上，农户失去宅基地相当于城镇居民失业，根据等效替代原则，采用城镇居民失业保险金来测算宅基地就业保障金。公式中的 M_0 表示城镇居民人均每年最低生活保障金，U_m 和 U_w 分别表示男性和女性的退休年龄，C_m 和 C_w 分别表示男性和女性人口占总人口的比例，α' 表示公民的平均年龄。假设农户从宅基地置换到退休一直领取最低生活保障金，那么领取年限为 $(U_m-\alpha')\times C_m+(U_w-\alpha')\times C_w$，$N'$ 表示农村总人口，S_t 表示农村宅基地总面积。

4.3.4　环境、心理福利损失补偿款测算方法

根据上文分析，采用条件价值评估法测算环境、心理福利损失补偿，其原理：依据效用最大化原则，通过问卷调查引导被调查者表达偏好，得到他们的支付或者受偿意愿，最终获得物品价值。在测算环境、心理福利补偿价时，受偿意愿一般都会偏大，因此选用城乡居民家庭的支付意愿来测算宅基地环境、心理福利补偿价，测算公式：

$$\text{单位环境（心理）福利补偿价 } P_4$$

$$=\text{宅基地环境（心理）年总支付价格 / 还原率} / S_t \qquad (4.5)$$

式中，宅基地环境（心理）年总支付价格 = 农户年总支付价格 + 城镇居民户年总支付价格。

农户年总支付价格 = 样本农户年平均支付意愿 × 农户支付率 × 农户数。

城镇居民户年总支付价格 = 样本居民户平均支付意愿 × 居民户支付率 × 居民户数。

4.4　实证研究：苏州市农户福利视角下的宅基地置换补偿标准

4.4.1　问卷设计

在从农户福利视角测算宅基地置换补偿时，主要测算宅基地之于农户的经济、居住、保障、环境和心理福利价格。其中，环境和心理福利价格属于无法用市场价格直接测算的内容，因此需要采用条件价值评估法（Contingent Valuation Method，CVM）间接测算，这是整份问卷设计的关键。CVM 是目前在评估环境、心理等非市场物品和服务时被学者们普遍认为有效并广泛使用的方法。该方法依托于问卷直接了解被访者在假设性市场中的支付意愿（Willing to Pay，WTP）和受偿意愿（Willing to Accept，WTA）。由于农户经济福利价格等都能够用市场价格直接测算，问卷设计只需对现状进行询问，因此不再做介绍。本部分主要介绍运用条件价值评估法对宅基地之于农户环境和心理福利测算时的问卷设计过程。

1. 问卷设计原则与主要内容

哈佛大学博士研究生 Davis 于 1963 年最早提出运用 CVM 进行非市场价格评估 ❶，随后 CVM 在全球范围内被广泛运用。1993 年美国国家海洋和大气管理局（NOAA）委托两位诺贝尔经济学家对 CVM 进行研究，并提出了使用 CVM 设计问卷的 15 条原则 ❷，其中认可度最高的原则：① 要采用一对一入户调

---

❶　Robert K Davis. Recreation planning as an economic problem[J]. Nat. Resources J., 1963（3）：239.

❷　赵军. 生态系统服务的条件价值评估：理论、方法与应用 [D]. 上海：华东师范大学，2005：23–24.

查的方式进行问卷调查，并且调查前对调查员进行严格培训。② 要进行预调查，以消除因问卷设计者及调查者认知错误而产生的偏差。③ 要使用带有边界区间的价格询问方法，而不是使用开放式的问题。④ 一般要求采用支付意愿而非受偿意愿对价格进行询问。⑤ 问卷还应该包括被访者的基本信息，如个人与家庭的社会经济信息等。

在苏州地区城乡差距小，已经出现了类似逆城市化的现象，不少举家迁出农村的城镇居民希望能够迁回农村生活，继续享受农村宅基地带给他们的良好居住环境以及落叶归根心理。❶ 由此可见，宅基地的环境和心理福利对经济发达地区的城镇居民来说同样具有意义。为了更准确地测算环境和心理福利，将问卷设计成两个版本，分别针对城镇居民户和农户进行调研。采用条件价值评估法部分的问卷内容设计如下：① 背景知识介绍部分，由调查者简单向农户介绍宅基地能给农户带来良好空气、大面积绿化、乡村文化等无形福利，使农户对于宅基地的环境和心理福利有一个大致了解。② 建立假想市场部分，由调查者向农户描述，如果现在为了保护宅基地所在村庄的居住环境，如良好的空气和绿化等，并且保留乡村文化需要建立一个公开透明的账户，这个账户中的资金使用状况任何人都能够查询，问询农户是否愿意在这个账户里面投入资金：若农户不愿意，询问具体原因之后结束调查；若农户愿意，则通过设定的支付价格区间继续询问。

2. 问卷价格询问方法

国内学者在使用条件价值评估法时主要使用的价格询问方法有开放法、封闭法、支付卡法和逐步法四种。下文分别对上述四种方法的优缺点进行介绍。

❶ 郑风田 . 逆城市化在中国不会成主流 [N]. 环球时报，2013-09-27.

① 开放法是指调查者引导被访者直接表达出对某种无形市场价格物品的支付意愿价和受偿意愿价，虽然该方法简便，但容易使被访者产生抵触心理，从而影响支付或受偿意愿回答率。② 封闭法又被分成了单界和双界二分选择法两种，单界二分选择法只需被访者对调查者提供的单一价格进行支付或者受偿意愿回答即可。这种方法同样虽然简便，但不易获取准确信息。双界二分选择法顾名思义，调查者根据预先设定的价格区间中值对被访者进行两次询问。若第一次被访者回答愿意支付或者接受补偿时，那么调查者就将价格提高再一次询问被访者在新的价格下是否愿意支付或者接受补偿，反之则降低价格继续询问。❶但由于价格区间中值不同，可能造成回答的偏差。③ 支付卡法是在借鉴了开放法和封闭法的基础上提出来的，具体是指由问卷设计者根据一定方法预先设定好价格区间。调查者根据价格区间引导被访者进行选择，但价格区间可能会引起偏差。④ 逐步法是在借鉴了双界二分法的基础上提出来的，由问卷设计者确定了起始询问价格后，调查者根据这一价格对被访者进行询问。若被访者对这一价格表示不愿意支付或者接受补偿，那么调查者就降低价格继续询问，直到被访者愿意接受为止；反之则是直到被访者不愿意接受为止。这一方法虽然能够获得较为全面科学的价格，但存在耗时过长的不足。因本书调研所需样本量较大，故对工作时效有所要求，根据上述四个方法的优缺点，最终选择支付卡法作为环境和心理福利价格询问的方法。

3. 问卷价格区间确定

通过第 3 章中的评估发现问题，为了制定能够解决上述问题的可操作方法，

❶　Richard C. Bishop, Thomas A Heberlein.Measuring values of extramarket goods : Are indirect measures biased?[J]. American Journal of Agricultural Economics，1979 : 926–930.

继续进行典型地区的问卷调查。根据 NOAA 提出运用条件价值评估法时需要进行预调研的原则，以及支付卡法在确定价格区间时的需要，本书于 2013 年 11 月对苏州市城镇居民户和农户进行了预调研，各发放了 50 份问卷。此次预调研的目的是确定询价区间，故未对支付意愿进行询问。随机选取了苏州姑苏区和常熟市（苏州下辖县级市）的城镇居民户进行预调研，同时随机选取了常熟市东张镇龙桥村的农户进行预调研，调研时采用一对一入户调查的方式。回收问卷之后进行整理，有效问卷有 82 份，有效率为 82%。其中，城镇居民户 43 份有效（占有效问卷的 52.44%），农户 39 份有效（占有效问卷的 47.56%）。根据预调研问卷的结果确定正式调研问卷的价格区间，预调研时价格区间的最小投标值设为 5 元，最大投标值设为 350 元，共设 6 个投标等级。在询价时，使用我国台湾学者苏达明提出的询价方法，如图 4.3 所示，询价一共分成了四

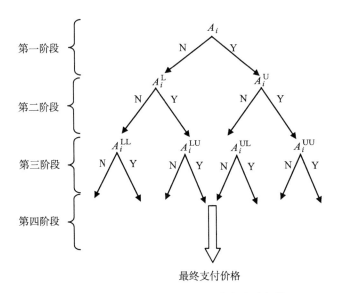

图 4.3　AIEM 价格区间确定法过程图

个阶段。假设受访者为 i，第一步，向 i 询问是否愿意接受初始价格 A_i，若其回答"是"，则提高价格至 A_i^{U}，继续询问；若其回答"否"，则降低价格至 A_i^{L}，继续询问。第二步，根据第一步得到的价格继续进行询问，第一步中回答"是"的被访者基于价格 A_i^{UU}，并提高至 A_i^{LL}，再次询问其是否愿意接受；若回答"否"的，则降低至 A_i^{UL}，询问其是否愿意接受。第一步中回答"否"的被访者也是类似的询问方式，只是价格基于较 A_i 低的价格 A_i^{L}。第三步，基于第二步得到的价格继续提高或者降低价格进行询问。若前两步都回答"否"的受访者，则为其提供一个更低的价格 A_i^{LL}，继续询问其是否愿意接受。其他价格询问方式以此类推。

根据上述询价方法，预调研时城镇居民户和农户对环境和心理福利最高支付意愿在不同投标价格区间中的分布情况具体见表 4.1。表中是根据预设价格区间得到的，但在实际调查过程中，有个别城镇和农村居民户都愿意出高于 350元的价格保持农村的环境和文化。从表中可以看出，城镇居民户不论是对环境福利还是心理福利的最高支付意愿价格都比农户高，具体而言：① 城镇和农村居民户虽然在环境福利 WTP 中都集中在价格区间 101~150 元，但城镇居民户在 100 元以下 WTP 价格区间中的比例明显小于农户。② 城镇和农村居民户虽然在心理福利 WTP 中都集中在价格区间 51~100 元，但城镇居民户在 100 元以上价格区间的比例明显高于农户。城镇居民户对于环境福利的最高支付意愿价格平均值为 187.209 元，农户为 161.538 元，城镇居民户对心理福利的最高支付意愿价格平均值为 130.233 元，农户为 119.231 元。这可能是由于城镇居民总体收入高于农村，同时城镇居民对于环境和心理的追求也更高。从表中还能看出，城镇和农村居民户对于环境福利的最高支付价格明显高于对于心理福利的最高支付价格。

表 4.1　被访者在不同投标价格区间的分布状况

福利价值	均值与标准差	支付价格区间	城镇居民户支付价格比例	农村居民户支付价格比例	总体情况
环境福利价值	支付价格区间	5~50	4.651	15.385	20.036
		51~100	11.628	20.513	32.141
		101~150	32.558	33.333	65.891
		151~200	27.907	10.256	38.163
		201~250	11.628	2.564	14.192
		251~300	2.326	12.821	15.147
		301~350	9.302	5.128	14.430
	最高支付价格平均值	187.209	—	161.538	175.000
	标准差	74.875	—	86.952	81.366
心理福利价值	支付价格区间	5~50	20.930	28.205	49.135
		51~100	37.209	38.462	75.671
		151~200	18.605	12.821	31.426
		201~250	16.279	10.256	26.535
		251~300	4.651	7.692	12.343
		301~350	2.326	2.564	4.890
	最高支付价格平均值	130.233	—	119.231	125.000
	标准差	71.664	—	67.488	69.900

根据预调查的结果，运用我国台湾学者苏明达提出的 WTP 价格区间确定方法——AIEM 法确定正式问卷的价格区间。[1]价格区间临界值的大小排列：$A_i^{LL}<A_i^L<A_i^{LU}<A_i<A_i^{UL}<A_i^U<A_i^{UU}$，具体可以将价格区间分为如下 8 个：$(-, A^L)$、$[A^{LL}, A^L\}$、$[A^{LL}, A^{LU})$、$[A^{LU}, A)$、$[A, A^{UL})$、$[A^{UL}, A^U)$、$[A^U, A^{UU})$、$[A^{UU}, -)$。

❶　苏明达，吴佩瑛. 愿意支付价值最佳效率指针之建构与验证 [J]. 农业经济丛刊，2004，9（2）：27–60.

每一个区间的最大最小值确定方法见表 4.2。根据表 4.2 得到的环境福利与心理福利 WTP 临界值为正式问卷设计时价格区间的确定提供了指导，但是考虑尽量给被访者以更多选择，使研究更加准确；同时，考虑在预调研时有被访者愿意支付比预设区间更高的价格，因此在表 4.1 确定的价格临界值基础上进一步细化价格区间，拓展最高值，并对部分临界值进行了微调修正，最终正式问卷中设计的环境福利 WTP 价格区间如下：A. 5~25 元，B. 26~50 元，C. 51~90 元，D. 91~130 元，E. 131~150 元，F. 151~175 元，G. 176~200 元，H. 201~225 元，I. 226~260 元，J. 261~350 元，K. 351~500 元，L. 501~700元。心理福利 WTP 价格区间如下：A. 5~25 元，B. 26~50 元，C. 51~85 元，D. 86~105 元，E. 106~125 元，F. 126~150 元，G. 151~175 元，H. 176~215 元，I. 216~300 元，J. 301~400 元，K. 401~500 元。

表 4.2　正式问卷环境与心理福利最高支付价格区间

价格区间临界值	临界值计算公式	据公式所得临界值		正式问卷临界值	
		环境福利	心理福利	环境福利	心理福利
A^{IL}	$\mu-\dfrac{\sqrt{3}\ln 7}{\pi}\times\sigma$	88	50	90	50
A^{L}	$\mu-\dfrac{\sqrt{3}\ln 3}{\pi}\times\sigma$	126	83	130	85
A^{LU}	$\mu-\dfrac{\sqrt{3}(\ln 5-\ln 3)}{\pi}\times\sigma$	152	105	150	105
A	μ	175	125	175	125
A^{UL}	$\mu+\dfrac{\sqrt{3}(\ln 5-\ln 3)}{\pi}\times\sigma$	198	148	200	150
A^{U}	$\mu+\dfrac{\sqrt{3}\ln 3}{\pi}\times\sigma$	224	174	225	175

价格区间 临界值	临界值 计算公式	据公式所得临界值		正式问卷临界值	
		环境福利	心理福利	环境福利	心理福利
A^{UU}	$\mu + \dfrac{\sqrt{3}\ln 7}{\pi} \times \sigma$	262	212	260	215

注：μ 表示样本总体的平均 WTP，即环境福利平均 WTP 为 175，心理福利平均 WTP 为 125；σ 表示样本总体的标准差，即环境福利标准差为 81，心理福利标准差为 70。

除了设计居民和农户问卷外，此部分研究还设计了村级问卷，村级问卷的目的如下：① 为了解调研村庄集体建设用地及厂房的出租收益情况。② 为了能够了解村庄的基本情况，以及村干部对宅基地之于农户各种福利的认知和态度。

4.4.2　研究区域与样本选择

对未置换农户与城镇居民户调研的目的是获取他们对宅基地环境和心理福利的最高支付意愿。在第 3 章调研获得相应结论的基础上，进一步开展调研并出于样本区域调研便捷条件和获取时效的考虑，选择长江三角洲都市圈的苏州市为样本区域。农户样本包括了苏州市除了姑苏区之外的大部分区县：相城区、高新区、吴江区、常熟市、昆山市、太仓市及张家港市。在每个区县随机选取 1~2 个镇，在每个镇随机选取 1~2 个村进行调研。城镇居民户样本区域为姑苏区，在姑苏区随机选取 5 个街道，在每个街道随机选取 2 个社区进行调研。

基于以下两点原因选取苏州市作为研究区域：① 苏州位于长三角中心地带，是江苏省唯一的城乡一体化综合配套改革实验区，也是全国最先实行宅基地置换的地区之一，拥有农户住宅置换中心，置换工程数量多，农户对置换认知程度高。苏州早于 2001 年就在全市范围内开展了 "三置换" 工作，截止 2012 年 5 月，已有 43 万多农户实现了居住地转移和身份转变❶，2012 年年底农户集中居住率达到 48%。❷ 苏州宅基地置换补偿标准高于全国平均水平，在此基础上进行研究体现了前瞻性与代表性。苏州市利用自身经济优势，率先实施了高于《土地管理法》相关规定的宅基地置换补偿标准。

研究所需的样本数量根据以下步骤确定：第一，根据 Scheaffer 抽样公式 $N^*=N_t/[(N_t-1)\delta^2+1]$ 确定问卷数量，公式中 N^* 表示所需样本数，N_t 表示苏州市城乡户籍总户数，δ 表示抽样误差，根据以往学者经验，误差取值 0.03。据此得到苏州市调研所需样本数量为 1150 份左右。第二，根据苏州市城乡居民户数分别占总户数的比例，确定城镇和农村问卷发放的数量分别为 800 份和 400 份。

在选定了调研区域和确定样本数量后，出于问卷获取效率以及城镇居委会组织能力较强的考虑，对城镇居民户的问卷调查采用联系居委会，由居委会相关负责人随机发放，居民户自填的方式，共发放城镇问卷 800 份，回收有效问卷 768 份。在农村问卷发放时，主要根据宅基地置换发生频率、经济发展水平等对未发生宅基地置换的农村进行分类。在不同类别农村中，随机发放农村问卷 400 份，由课题组成员于 2013 年 12 月进行正式调查，共回收有效问卷 359 份。

本书将研究对象选定为以户为单位，因此在调研过程中尽量选择户主作为被访者。因为一般而言，户主在家庭中具有决策权，倘若未能找到户主，那么选择能够辅助做决策的人作为被访者。

---

❶　紫歆 . 苏州城乡一体要攻坚突破 [N]. 苏州日报，2006–10–25.
❷　数据来源于《苏州统计年鉴 2013》第 2 页。

4.4.3 数据来源与补偿测算结果

1. 居住福利损失补偿价

居住福利损失补偿价根据 359 份苏州市各地农户问卷调查数据测算而得，具体测算过程如下：

（1）单位住房现价。根据问卷中的住房结构、苏州市住房和城乡建设局文件《关于确定 2012 年度苏州市住房基本重置价格的通知》（苏住建房〔2013〕3 号）、《关于印发苏州市住房重置价格评估办法（2010 年修订）的通知》（苏住建房〔2010〕142 号）得到 u_i、T 和 q'。根据问卷中的建造、改建及翻建竣工年份、住房质量等级，得到 t 和 q。问卷所得数据的描述性统计见表 4.3。在获得所需数据的条件下，计算得到 2013 年样本农户住房现价总数为 56937693.23 元。

表 4.3　农村住房样本情况描述性统计

数据依据	等级	所需数据	样本数	百分比
住房结构	钢混三等	u=1268 元 / m^2，T=60 年	51	14.206
	混合一等	u= 1222 元 / m^2，T=50 年	248	69.081
	混合二等	u =877 元 / m^2，T=50 年	18	5.014
	混合三等	u =716 元 / m^2，T=50 年	11	3.064
	砖木三等	u =648 元 / m^2，T=40 年	31	8.635
住房质量等级	一级完好房	q 范围：0.90~1.00	25	6.964
	二级基本完好房	q 范围：0.70~0.89	131	36.490
	三级一般损坏房	q 范围：0.60~0.69	129	35.933
	四级严重损坏房	q 范围：0.40~0.59	57	15.877
	五级危险房	q 范围：残值率 ~0.39	17	4.736

续表

数据依据	等级	所需数据	样本数	百分比
建造、改建、翻建竣工年份	1978 年及以前	$t \geqslant 34$	11	3.064
	[1979, 1989]	$33 \leqslant t \leqslant 23$	85	23.677
	[1990, 1999]	$22 \leqslant t \leqslant 13$	176	49.025
	[2000, 2009]	$12 \leqslant t \leqslant 3$	75	20.891
	2010 年及以后	$t \leqslant 2$	12	3.343
装修、翻修竣工年份	1978 年及以前	$t \leqslant 34$	8	2.228
	[1979, 1989]	$33 \geqslant t \geqslant 23$	78	21.727
	[1990, 1999]	$22 \leqslant t \leqslant 13$	113	31.476
	[2000, 2009]	$12 \leqslant t \leqslant 3$	116	32.312
	2010 年及以后	$t \leqslant 2$	44	12.256
装修、翻修费用	5 万元及以下	无	85	23.677
	[6, 20]	无	205	57.103
	[21, 30]	无	43	11.978
	30 万以上	无	26	7.242
居住面积（不包含出租和经营面积）	90 m² 及以下	无	17	4.736
	（90, 180]	无	154	42.897
	（180, 270]	无	104	28.969
	270 m² 以上	无	84	23.398

（2）单位装修现价。根据历年《苏州统计年鉴》《江苏统计年鉴》《中国统计年鉴》得到不同年份的 CPI ❶，根据问卷的装修、翻修竣工年份，装修、翻修费用得到 t 和 P_i^m，另据苏住建房〔2011〕10 号文件规定的残值率 $q'' = 20\%$

❶　2013 年 CPI 尚未公布，因此用江苏省统计局公布的 2013 年 12 月苏州市城市居民消费价格指数代替。《苏州统计年鉴》和《江苏统计年鉴》中苏州市 CPI 仅从 1986 年开始记载，1986 年以前的 CPI 通过《中国统计年鉴》中江苏省 CPI 来估算。

计算 D。在获得所需数据的条件下，计算得到 2013 年样本农户装修现价总数为 29013196.58 元。综上可知，样本住房和装修现价之和为 8595.089 万元，根据问卷可知样本宅基地总面积 S 为 88678 m^2，最终测算得到单位宅基地居住福利补偿价为 969.247 元 /m^2。

2. 经济福利损失补偿价

经济福利损失补偿价根据 359 份苏州农户问卷调查数据，20 份苏州村级问卷调查数据及相关统计年鉴数据测算而得，具体测算过程如下。

根据 20 份村级问卷得到 2013 年苏州农村集体建设用地厂房的平均年经营租赁单价为 162 元 /（年·m^2），将其作为 2013 年单位宅基地连同经营用房的年纯收益。在 359 份苏州农户样本中，利用宅基地（含房屋）进行生产经营的有 46 户，生产经营总面积为 4531 m^2，利用宅基地（含房屋）进行租赁的有 68 户，租赁总面积为 4718 m^2，租赁纯收益总数为 585036 元，计算得到 2013 年宅基地连同租赁用房的单位纯收益为 124 元 /（年·m^2）。

在功能范围内测算生产经营收益时使用的面积是实际面积，而在可行能力范围内使用的是潜在的、可能用于生产经营的面积。46 户生产经营农户平均生产经营面积占房屋总面积的比重为 36.927%，这意味着每户农户都有利用 36.927% 的房屋面积进行生产经营的可能和权利。样本房屋建筑总面积为 85148 m^2，据此得到可行能力范围内的可能生产经营面积为 31162.602 m^2。68 户租赁农户平均租赁面积占房屋总面积的比重为 25.848%，据此得到可行能力范围内的可能租赁面积为 22009.055 m^2。一般而言，土地和建筑物合为一体的综合还原率高于单纯土地还原率，故 r 取 2013 年苏州银行 5 年以上长期存款利率 5.225%。根据公式 4.2 及上述所需数据，计算得到的结果见表 4.4。功能范围内的年生产经营收益为 73.402 万元，年出租收益为 58.502 万元，合计 131.904 万元，除以还原率 r 后得到总经济收益为 2524.478 万元，单位宅基地经济福利损失补偿价 284.679 元 / m²。能力范围内的年生产经营收益为 504.834 万元，年租赁收益为 272.912 万元，合计 777.746 万元，除以还原率 r=5.225% 后得到总经济收益为 14885.091 万元，单位宅基地经济福利损失补偿价为 1678.555 元 / m²。

表 4.4　功能和可行能力范围内样本宅基地的经济收益

用途	生产经营	出租	合计
纯收益（元 / m²·年）	162	124	286
功能范围内面积（m²）	4531	4718	9249
可行能力范围内面积（m²）	31 162.602	22009.055	53171.660
功能范围内收益（万元）	73.402	58.502	131.904
可行能力范围内收益（万元）	504.834	272.912	777.746

数据来源：农户和村级调查问卷。

3. 保障福利损失补偿价

保障福利损失补偿价根据 359 份苏州农户问卷调查数据，苏州市住建局、苏州市人民政府等发布的政府文件中的数据以及相关统计年鉴数据测算而得，具体测算过程如下。

（1）单位居住保障金。苏州最早执行国家鼓励的住房保障货币化政策，通过向符合保障条件的住房困难城镇家庭发放一次性购房补贴 ❶ 来保障居民基本住房权益。根据苏州市住建局文件《苏州市区住房保障购房补贴发放规定》（苏住建规〔2013〕10 号），2013 年苏州市区城镇住房困难居民户均一次性购

---

❶　详见苏政发 [2011] 126 号文件《省政府关于进一步加强住房保障体系建设的实施意见》。

房补贴 b 为 4250 元 / m^2，人均住房保障面积 c 为 18 m^2。另据《苏州统计年鉴 2013》，2012 年年底苏州农村户均人口 a 为 3.24 人。由于苏州人口增长速度并不快，因此用以上人口数据代表 2013 年的人口数据，问卷所得的户均宅基地面积为 247.014 m^2。运用公式 4.3，测算得到单位宅基地居住保障金为 1003.425 元 / m^2。

（2）单位就业保障金。根据苏州市民政局文件《关于调整苏州市市区社会救助（补助）标准的通知》（苏政民规〔2013〕2 号），人均年低保标准 M_0 为 7560 元。另据《苏州统计年鉴 2013》和《中国人口和就业统计年鉴 2012》，苏州市男女人口比例 C_m 和 C_w 分别为 49.23% 和 50.77%，平均年龄 a' 为 45 岁，苏州农村总人口 N 为 296.41 万人。根据问卷得到的户均宅基地面积为 247.014 m^2，农村总户数为 91.42 万户，得到苏州宅基地总面积 S_t 为 22582.02 h·m^2，国家规男性和女性的退休年龄 U_m 和 U_w 分别为 60 岁和 55 岁。运用公式 4.3，测算得到就业保障金为 27924471.905 万元，最终得到单位宅基地就业保障金为 1236.580 元 / m^2。

根据以上分析，单位宅基地保障福利损失补偿价为单位宅基地居住保障金和单位就业保障金之和，即 2240.005 元 / m^2。

4. 环境和心理福利损失补偿价

单位宅基地环境和心理福利损失补偿价根据 768 份城镇居民户和 359 份农村居民户问卷所得支付意愿数据进行测算。问卷采用支付卡方法对城乡居民家庭户主进行询问，首先询问被调查者家庭是否愿意出钱保护农村居住环境，若回答"是"，则引导其在分成 12 个价格投标等级（最小投标价格为每户每年支付 5 元，最大投标价格为每户每年支付 700 元）的投标价格区间中选择家庭最高支付意愿。据此得到城乡居民对宅基地环境福利最高支付意愿的调查结果见表 4.5，由上文可知还原率为 5.225%，运用公式 4.4，测算得到环境福利损失补偿价为 461084.766 万元，单位宅基地环境福利损失补偿价为 20.418 元 / m²。

单位宅基地心理福利损失补偿价同样依据上述问卷支付意愿数据进行测算，但有两点不同：① 询问问题不同，询问被调查者家庭是否愿意出钱延续农村传统文化、保持乡村情愫。② 投标价格区间和投标等级不同，投标价格被分成 11 个价格投标等级，最小投标价格为每户每年支付 5 元，最大投标价格为每户每年支付 500 元。还原率为 5.225%，测算得到心理福利损失补偿价为 271 735.786 万元，单位宅基地心理福利损失补偿价为 12.033 元 / m²，结果详见表 4.5。

表 4.5 城乡居民户对宅基地环境与心理福利的支付意愿

支付项目	支付者	支付价格	城镇居民户支付金额比例	农村居民户支付金额比例	总计
环境福利 WTP	支付价格区间	5~90	13.163	16.949	14.427
		91~130	33.546	41.525	36.209
		131~260	21.868	26.271	23.338
		261~350	17.409	9.745	14.852
		351~700	14.014	5.510	11.174
	支付率（%）		61.328	65.738	62.733
	平均支付价格［元 /（户·年）］		212.376	135.170	186.604
	居民总户数（万户）		122.56	91.48	214.04
	居民年总支付价格（万元 / 年）		15 962.944	8 128.735	24 091.679
心理福利 WTP	支付区间	5~50	9.226	16.146	11.742
		51~85	13.690	28.125	18.939
		86~125	24.702	36.458	28.977

支付项目 \ 支付者		支付价格	城镇居民户支付金额比例	农村居民户支付金额比例	总计
心理福利WTP	支付区间	126~300	43.155	10.417	31.250
		301~500	9.226	8.854	9.091
	支付率（%）		43.750	53.482	46.85
	平均支付价格［元/（户·年）］		161.786	112.891	144.006
	居民总户数（万户）		122.56	91.48	214.04
	居民年总支付价格（万元/年）		8 674.965	5 523.230	14 198.195

数据来源：《苏州统计年鉴2013》与调查问卷。

5. 总福利损失补偿价及其分配

（1）总福利损失补偿价。根据可行能力福利方法，宅基地总福利损失补偿是所有具体福利损失补偿的加总，而不是不同的排列组合。通过上述测算得到单位宅基地居住福利损失补偿价为969.247元/m^2，功能范围内的经济福利损失补偿价为284.679元/m^2，可行能力范围内的经济福利损失补偿价为1678.555元/m^2，保障福利损失补偿价为2240.005元/m^2，环境福利损失补偿价为20.418元/m^2，心理福利损失补偿价为12.033元/m^2。

当只考虑当下经济福利时，即功能范围内的福利补偿，单位宅基地应给予的总福利损失补偿不低于3526.382元/m^2。在这一补偿中，保障福利损失补偿所占比例（63.521%）最高，表明目前情况下宅基地对农户具有很大的保障作用，居住福利损失补偿所占比例（27.486%）次高。这可能是因为苏州市对利用宅基地新建住房审批严格控制，几乎不予审批，造成农村新建和新装修房屋减少，但仍然要重视农户的居住福利。当考虑潜在可能实现的经济福利时，即可行能力范围内的福利补偿，单位宅基地应给予的总福利损失补偿不低于 4920.258 元 / m²。在这一补偿中，经济福利损失补偿所占比例（34.115%）较高，这表明，随着经济的发展，经济福利对农户来说将越来越重要。宅基地之于农户的经济福利日益凸显❶，外在表现不仅局限于经营和出租。在经济发达地区，《土地管理法》严格限制的宅基地出售情况也十分普遍。❷ 由此可见，考虑对将来可能实现的经济福利损失进行补偿更符合苏州实际，即按照 4 920.258 元 / m² 作为总福利损失补偿更有现实意义。

（2）福利损失补偿价的分配。由于农村土地所有权属于集体经济组织，因此农户并不能获得所有补偿款。根据 2013 年出台的《江苏省征地补偿和被征地农户社会保障办法》（省政府令第 93 号），在征地补偿安置中，政府应将不少于 70% 的土地补偿费及全部地上附着物补偿费支付给被征地农户，但不支付建设用地安置补助费。上述征地补偿费分配依据的原则是所有权和使用权区别补偿的原则。也就是说，所有权全部补偿，使用权 70% 补偿。由上文分析可知，在实践中，宅基地置换补偿延续了征地补偿的相关政策。按此原则，在宅基地置换中，对农户因失去所有权而损失的福利应给予全额补偿，对农户因失去使用权而损失的福利应给予 70% 的补偿。农户对建于宅基地之上的房屋拥有所有权，因失去房屋所有权而损失的福利是居住和经济福利，故应对这两项福利损失给予全额补偿。农户对宅基地拥有使用权，因失去宅基地使用权而损失的福利是保障、环境和心理福利，故应对这三项福利损失给予 70% 的补偿。

---

❶ 林超，谭峻. 农村宅基地制度改革研究——基于宅基地功能演变分析的视角 [J]. 经济体制改革，2013（5）：69–72.

❷ 章波，唐健，黄贤金，等. 经济发达地区农村宅基地流转问题研究——以北京市郊区为例 [J]. 中国土地科学，2006，20（1）：34–38.

4.4.4 农户福利视角下的宅基地置换补偿标准与苏州现行补偿标准比较

根据上述测算结果和分配原则，得到农户福利视角下宅基地置换的最终补偿标准。其中，保障、环境和心理福利损失按测算结果的 70% 补偿，分别为 1568.003 元 / m²、14.293 元 / m² 和 8.423 元 / m²。通过总结样本区域的农村房屋拆迁安置补偿实施细则可知，苏州市在宅基地置换时普遍采用的补偿公式：

宅基地置换补偿

= 房屋及装修重置价 + 区位补偿价 + 临时安置补助费 +

搬迁费 + 奖励　　　　　　　　　　　　　　　　　（式 4.6）

其中，房屋及装修重置价与居住福利损失补偿价相同，都是依据成本计算得到的，故其货币数额也相同。区位补偿价的作用是补偿农户经济损失，类似于经济福利损失补偿作用。按照样本区域各政府关于区位补偿价的通知，得到平均区位补偿价为 840 元 / m²。临时安置补助费、拆迁费以及奖励作用类似于保障和心理福利损失补偿作用。根据样本区各政府关于农村房屋拆迁补偿标准的相关通知，得到房屋平均每单位建筑面积的临时安置补助费为 6 元 / 月。问卷所得苏州农村户均建筑面积为 237.181 m²，以 2 年时间计算，那么每户农户共获得临时安置补助费 34154.064 元。再按照户均宅基地面积 247.014 m² 折算，可得到单位宅基地临时安置补助费为 138.268 元。搬迁补偿费每户最高标准为 2000 元，那么单位宅基地搬迁补偿费为 8.097 元 / m²。若奖励每一级都按照最高标准，每户最高能得到 87 500 元，那么单位宅基地奖励为 354.231 元 / m²。

将农户福利视角下的宅基地置换补偿标准与苏州现行补偿标准进行比较见表 4.6。

表 4.6　农户福利视角下宅基地置换补偿标准与苏州现行补偿标准比较

（单位：元／m²）

补偿项目　　　补偿依据	居住福利	经济福利	保障福利	环境福利	心理福利	合计
功能范围福利补偿	969.247	284.679	1568.004	14.293	8.423	2 844.646
能力范围福利补偿	969.247	1 678.555	1568.004	14.293	8.423	4238.522
现行补偿	房屋重置	区位补偿	临时安置	搬迁	奖励	合计
	969.247	840	138.268	8.097	354.231	2 309.843

从表格中可知：① 现行补偿与农户福利视角下补偿的主要区别在于经济福利和保障福利两项，现行补偿下的经济补偿标准虽然高于功能范围的经济福利补偿标准，但远低于能力范围的经济福利补偿标准。为了保障农户长远生计，应提高关于经济福利方面的补偿。② 现行的保障福利补偿低于其他两种思路下的保障福利补偿。现行的临时安置补偿和搬迁补偿若算作现行保障补偿的话，那么仅为 146.365 元／m²，与福利视角下保障补偿 1568.004 元／m² 相差约为 11 倍，因此特别要重视和加大保障补偿，这样才能达到提高农户福利水平的目的。③ 若搬迁补偿费和奖励都按最高标准计算，那么苏州宅基地置换现行补偿总价为 2309.843 元／m²。依据功能范围测算而得到的补偿总价为 2844.646 元／m²，是现行补偿价的 1.2 倍；依据能力范围测算而得到的补偿总价为 4238.522 元／m²，是现行补偿价的 1.8 倍。由此可见，苏州现行补偿标准偏低，需要进一步提高。④ 虽然搬迁、奖励等补偿在价格上超过环境和心理福利的价格，但是这部分补偿的目的并非提高农户环境和心理福利，而是为了提高拆迁

效率，存在政策目标异化的问题，因此并不能够帮助实现保持和提升农户福利水平的政策目标。这一结论与施建刚等对上海宅基地置换模式进行研究时得到的结论相似，其认为上海松江区的宅基地置换方案虽然得到了农户一定程度的肯定，但由于补偿政策目标异化，从"改善农民生活"异化为了"节约利用土地"，导致在宅基地置换中农民的意愿、情感及利益等补偿有所欠缺，不能从中得到切实完整的收益。❶

4.5　本章小结

本章主要运用卡尔多福利补偿理论，根据森的福利定义及可行能力福利量化方法，从农户福利视角测算宅基地置换补偿标准，试图测算达到宅基地置换农户生活水平不降低、农户长远生计有保障的政策目标所需要的补偿款数额。主要得到以下结论。

（1）根据福利经济学中的卡尔多福利补偿理论，在宅基地置换中，农户是最大的利益受损者，需要对其福利损失进行补偿。根据森的福利定义，宅基地之于农户有居住、经济、保障、环境和心理五个方面的福利。居住福利价值由住房和装修成本价测算而得；经济福利价值由生产经营收益和租赁收益测算而得；保障福利价值通过测算城镇居民最低生活保障金、最低居住保障金而得；环境和心理福利价值由于无法通过市场交易获取价值，因此采用条件价值评估法测算其价值。

---

❶　施建刚，黄晓峰，唐代中 . 基于"和谐"理念的宅基地置换模式创新 [J]. 农村经济，2008（1）:8-11.

（2）可行能力方法认为从能力角度分析福利更为重要，能力测量的是各种潜在的、将来有可能实现的福利，体现了对自由和发展的追求。据此思路可知，对农户总福利的补偿是上述五方面福利补偿的加总，而非不同排列组合。这主要是因为虽然农户目前可能未享用某一福利，但并不能剥夺其未来享用此福利的权利和自由。

（3）通过成本逼近法、收益还原法、等效替代法和条件价值评估法四种测算方法，根据 359 份农户问卷、768 份城镇居民户问卷、20 份村级问卷和统计年鉴数据，测算得到当考虑现实经济福利补偿时，即在功能范围内，从农户福利视角需要给予的单位宅基地补偿款货币数额为 2844.646 元 / m²，高于现行补偿 1.2 倍；当考虑潜在经济福利补偿时，即在能力范围内，从农户福利视角需要给予的单位宅基地补偿款货币数额为 4238.522 元 / m²，高于现行补偿 1.8 倍，因此政府需要进一步提高宅基地置换补偿标准。

（4）以农户福利为标准测算得到的宅基地置换补偿款数额与现行补偿款中差距较大的分别是经济福利和保障福利补偿款，能力范围内经济福利补偿款为现行经济福利补偿款的 1.9 倍，农户福利视角下的保障福利补偿款为现行保障福利补偿款的 11 倍。由此可见，政府最重要的是要重视宅基地对农户保障和未来增值的作用，增加保障和潜在经济福利方面的补偿。除此以外，政府主要通过给予先签协议的置换农户奖励的方式对心理福利进行补偿，这种补偿主要目标是增加拆迁效率，偏离了保证农户生活水平不降低、长远生计有保障的补偿政策目标，出现了政策目标的异化，因此需要进行纠正。

第5章 农户福利视角下宅基地置换补偿政策优化设计

5.1 宅基地置换补偿政策优化设计的经验借鉴

由上文分析可知，虽然各地采用的具体补偿方式不同，但最基本的都是给予农户房屋拆迁补偿。在此基础上，各地根据实际情况进行了补偿政策的优化创新，下文介绍值得借鉴的补偿政策创新经验。

5.1.1 增加股份分红，开设老年中心：昆山市的补偿经验

1. 补偿政策描述

昆山市宅基地置换主要采用货币置换方式，由政府向农户支付宅基地和房屋的货币补偿款。农户利用补偿款，以建安成本价（高层住宅为1150元/㎡，

小高层住宅为 1460 元 / m^2），根据"拆一还一"的原则，按照农村宅基地使用权证标明的房屋面积（不足 200 m^2 的按照 200 m^2 计算）购买由政府建造的集中居住商品房。相关资料显示，昆山市政府给予农户的补偿款基本能够满足农户购买安置商品房的需求，一户农户平均能够购买到 2~3 套商品房，这是昆山市基本的宅基地置换补偿政策。除此之外，值得借鉴的是昆山市利用宅基地置换机会，根据市委颁布的《富民政策》第 28 条，开展了称为"富民合作社"的土地股份分红宅基地置换补偿政策创新。昆山市规定在宅基地置换后，政府要将 20%~40% 的新增建设用地留给集体经济组织进行开发利用。这部分集体建设用地主要用于建造厂房和中高层公租房，厂房出租给相关企业，公租房出租给外地打工者，集体经济组织从中获得租金收入。其中 25% 的租金收入留在集体经济组织内部用于置换小区的日常维护和建设，75% 的租金收入返还给农户，农户按照土地使用权和现金所占的股份数额每年年底获得分红收入，通过富民合作社的补偿政策创新，农户每亩土地每年可以增加5000 元 ~ 7000 元的收入❶。

　　昆山市的补偿政策，除了对农户经济福利损失补偿有所创新外，在农户心理福利和保障福利损失补偿方面也进行了创新。昆山市在千灯镇的石浦社区、千灯社区和马路桥社区三个宅基地置换小区，开设了老年人日常照顾中心（当地人称之为"托老所"），将那些子女上班无暇照顾的老人纳入中心由护工统一照顾，白天在中心获得饮食、医疗等服务，晚上回家与亲人居住。截止 2013 年12 月，上述三个社区已经有 104 位老人进入中心。❷这部分老人在获得照料的

❶ 刘芳，钱忠好，郭忠兴. 外部利润、同意一致性与昆山富民合作社制度创新——昆山富民合作社制度创新的制度经济学解析 [J]. 农业经济问题，2006（12）：54–60.
❷ 潘朝晖. "四大目标"，描绘新型城镇化"苏州样板"[N]. 新华日报，2014–01–30.

同时能够与同龄人进行交流，在一定程度上减少了老年农户因宅基地置换而产生的心理福利损失，同时也拓宽了养老保障福利损失补偿的外延，从保障型养老转向了服务型养老。

2. 补偿经验借鉴

值得借鉴的补偿经验是昆山市依靠自身经济实力，增加了农户的土地股份分红收益并且开设了老年中心。昆山市在开展宅基地置换时，创新了农户经济福利损失的补偿方式，将通过宅基地置换节约得到的建设用地部分留给集体经济组织，由集体经济组织进行开发利用，获得的收益再按股份分红的方式分配给农户。这使农户在宅基地置换后能够获得较为稳定的财产性收益，而且收益高于农户利用土地进行农业生产的收益，因此受到农户的支持和欢迎。

昆山市宅基地置换采用土地股份分红补偿方式得以成功的原因在于以下四方面：①获得了政策的支持。由于土地级差地租的存在，昆山市早于2000年就规避相关政策开展了富民合作社。2003年，该实践获得了江苏省政府的批准，成了集体土地制度改革的试点县。2005年，苏州市出台了《关于促进农民持续增收的意见》，从政策上允许集体经济组织利用建设用地进行物业投资。2006年，苏州市出台《关于扶持发展农村富民合作社的意见》，进一步鼓励各地发展富民合作社。②昆山市是全国百强县之首，同时也是苏州市城乡综合配套改革的先导区之一，拥有发达的工商业和较小的城乡差距。昆山市2012年的工业总产值为8200亿元人民币，城镇居民的人均可支配收入达到40510元，农村居民的人均纯收入也达到了23630元。这使农村土地的价格也较高，因此能够通过厂房出租等方式获得较高的租金收入。③昆山市外资企业众多，吸引了大量的外来打工者，2013 年昆山市的流动人口为 163.7 万人 ❶，相当于昆山市 2012 年年末的常住人口总数，相当于 2012 年末户籍人口的 2 倍多 ❷，因此公租房拥有广阔的市场。④土地入股后的股份分红收入明显高于农业经营收入，因此能够起到增加农户收入、提高农户福利、保障农户长远发展的作用。在上文宅基地置换补偿政策绩效影响分析时，得到的结论为相对于土地换租来说，土地换社保置换方式下的农户总体福利水平更高，这主要是因为调研中各地土地出租带给农户的收益很少，农户每亩每年平均获得的租金收益为 700 元左右。这远不及农业经营获得的收益，因此未能有效改善农户福利水平。通过昆山市的案例分析可知，通过增加股份分红，能够实现保持和提高农户福利水平的宅基地置换补偿政策目标，因此该补偿政策值得借鉴。

由上述分析可知，昆山市较为充裕的股份分红是依托其强大的经济实力和较高的土地价格实现的，开设老年中心同样也依托于此。在经济发达地区，上述补偿政策创新具有经济可行性，虽然各地经济实力有所不同，但基本具备了工业发达、城乡差距小的经济条件，因此增加股份分红和开设老年中心可以作为经济发达地区优化宅基地置换补偿政策的经验进行借鉴。同时，这一补偿政策创新具有政策方面的可行性，符合 2014 年中央"一号文件"倡导的在开展宅基地置换时要因地制宜地采取留地安置、补偿等多种方式，保障农户长期受益，也符合了国土资源部在 2008 年颁布的《城乡建设用地增减挂钩试点办法》中提出的要求：地方政府在开展以宅基地置换为主的城乡建设用地增减挂钩时，要给当地集体经济组织预留经济发展的空间。

---

❶ 何洁 . 苏州流动人口四分之一在昆山 [N]. 现代快报，2014–01–17.

❷ 根据《苏州统计年鉴 2013》获得相关数据。

5.1.2 分离生活生产用房，分离自住出租用房：义乌市的补偿经验

1. 补偿政策描述

义乌市根据城中村、园中村、近郊村和远郊村四种不同农村类型开展了不同的宅基地置换改造方式。城中村改造实施宅基地置换方式，农户将原有宅基地和房屋置换成 12 层以上的高层公寓；园中村改造同样实施宅基地置换方式，但采用生产与生活用房相分离的安置补偿政策，农户可以自由选择将宅基地置换成 6~11 层多高层公寓和标准厂房的不同组合；近郊村改造实施保持村庄原貌，改善村庄公共交通卫生设施的方式，避免了大拆大建；远郊村改造实施宅基地退出、异地安置的方式。其中，值得借鉴的是园中村改造实施的宅基地置换补偿政策，其基本的补偿思路是按照农户宅基地使用权证书的面积确定补偿款，再根据家庭人口数量分配安置房基数，安置房基数分成了 108 m^2、126 m^2 和 140 m^2 三种，对应的人口数量分别为 1~3 人、4~5 人、6 人及以上。在确定了安置房基数的基础上，将基数乘以 6 得到农户安置总面积，农户根据这一总面积在中高层住宅和标准厂房中自由选择不同的组合。建造生活和生产用房分别使用不同性质的土地，生活用房使用的是国有划拨土地，而标准厂房使用的是集体所有建设用地。这一点与昆山的股份分红类似，农户以土地使用权和现金方式入股，组建经营公司对标准厂房进行出租运营，年底获得股份分红，平均每户农户每年通过股份分红能够增加 12000 元人民币的收入。[1] 同时，为了使农户通过宅基地置换能够增加财产性收益，也为了方便管理，政府将安置小

---

[1] 秦正长，叶小平. 有效利用空间 义乌 "四招" 助力节约集约土地 [N]. 浙江日报，2012–10–23.

区的生活用房也进行了功能分区，分成了居住区和出租区两个部分。居住区供
农户自己居住，出租区供农户将住房出租获得租金收益。

2. 补偿经验借鉴

义乌市分离生活与生产用房、分离自住与出租用房的宅基地置换补偿政策
创新值得借鉴。① 通过分离生活与生产用房，鼓励农户以土地使用权和现金入
股建设标准厂房。这既能够解决农户因宅基地置换而损失利用宅基地获得生产
经营收益的问题，补偿农户潜在的经济福利损失，又能够保障农户长远发展。
义乌市小商品市场发达，农户利用宅基地进行生产经营和出租的现象非常普遍。
以苏溪镇月白糖村为例，在开展宅基地置换前，有 20% 的农户经营家庭工厂;❶
在开展宅基地置换后，农户可以将土地使用权置换为标准厂房，这一做法保证
了农户在置换后仍有用于生产经营的场所，不至于大幅度增加家庭生产经营成
本。② 通过分离自住与出租用房，增加了农户房屋的财产性收益。农户可以将
置换得到的一部分拥有完全产权的住房进行出租，从而解决了农户因宅基地置
换而损失利用宅基地获得租金收益的问题，有效补偿了农户的经济福利损失。

义乌市的双分离置换补偿政策创新得以成功的原因有以下两点：一是，获
得了政策支持。义乌市政府于 2009 年相继颁布实施了《"宅基地换住房、异地
奔小康"工程实施办法》和《义乌市城乡新社区建设实施办法》，对具体补偿
标准和办法进行了明确的规定。二是，义乌市是全球最大的小商品集散中心。
2012 年三次产业结构比例为 2.6∶41.6∶55.8，发达的第三产业吸引了 130 多万

---

❶　义乌市旧村改造走出一条全新模式 [EB/OL].（2013-07-12）[2017-02-22]. http：//www.zjjs.com.
　　cn/Data/HTMLFile/2013-07/2a1c5b3d-1cf7-4edb-9e4e-3bd4ef0eae23/7f98a021-3eb2-4886-b244-
　　4bb7932af355.html.

的外来人口，数量大约相当于 2012 年义乌市户籍人口的 1.7 倍，因此拥有住房出租市场。三是，置换前农户的承包地已经被征收，周边形成了工业园。建造的标准厂房除了能够满足农户自己家庭生产经营的需求外，也能够拥有厂房出租市场。

由上述分析可知，义乌市分离生产生活用房、分离自住出租用房的补偿政策实质上与昆山市的富民合作社相类似，但义乌市对于置换小区的功能分区规划更为明确，这方面值得其他地区借鉴。同样，义乌市实施上述补偿政策是依托于发达的工商业和较高的农户非农化程度，拥有相似条件的地区可以据此经验设计补偿政策。

5.1.3　置换完全产权，开展网络监管：嘉定区的补偿经验

1. 补偿政策描述

上海市嘉定区的宅基地置换主要采用产权置换方式，根据"拆一补一"的原则，按照原有房屋合法建筑面积置换安置房，农户可以自行购买超出面积的安置房。平均每户通过置换能够获得 2~3 套安置房，安置房面积分成 40.24 m^2～120.73 m^2 不等；同时，农户通过将承包地流转给村委会的方式获得"镇保"和城镇居民户籍，这是嘉定区基本的安置补偿政策。值得借鉴的是，嘉定区给予农户的安置房是政府实行征收，并且交纳土地出让金后建造的，因此农户能够领取国有土地使用权证和房屋所有权证。安置房属于可以直接上市交易的完全产权房，这一措施充分补偿了农户的居住福利损失。在调研过程中了解到，目前外冈镇的安置小区"外冈新苑"每平方米住房市场价格为 7000 元左右。据此

计算，每户农户的住房资产就有 60~150 万，有效增加了农户的房产价值，补偿了农户的经济福利损失。

另外，嘉定区外冈镇在实施补偿政策过程中，加强了民主监督，采用称之为"千村通"的网络平台供置换农户对安置项目进行监督。该网络平台包括政策法规、基本情况、推进情况、签约情况、工程进度和监督投诉七个部分，置换农户通过网络能够全面了解宅基地置换房屋签约情况、补偿安置情况、土地出让金使用情况、安置房建设情况等宅基地置换项目的大多数信息。网络监管措施一方面赋予了农户便捷的监督权，另一方面也尊重了农户的参与权，有效补偿了置换农户的心理福利损失。

2. 补偿经验借鉴

上海市嘉定区实施的完全产权置换补偿和网络监管措施值得借鉴。① 通过完全产权置换，增加了农户的房产价值，有效补偿了农户居住和经济福利损失。相比较于义乌市的补偿政策，农户需要自己补足土地出让金差价之后才能将安置房进入市场交易，上海市嘉定区补偿能够直接上市交易的安置房更有利于保障农户福利。② 利用现代数字技术，开展了网络监管。这一措施是宅基地置换补偿政策的重要组成部分，能够减少在置换过程中的贪污腐败发生率，确保补偿款公平公正使用，是保障置换农户福利的重要措施。

上海市嘉定区补偿完全产权安置房、开展网络监管之所以成功的原因有以下两点：① 拥有政策支持。嘉定区的安置房产权经历了从不完全到完全的过程。2008 年，《上海市房屋土地资源管理局关于本市郊区宅基地置换试点中办理房地产登记的通知》第 1 条规定，宅基地置换试点中的安置房产权证上需要标注不得转让、抵押以及租赁的文字，但 2010 年上海市政府转发的《关于本市实行城乡建设用地增减挂钩政策推进农民宅基地置换试点工作的若干意见》第4条第5款规定"农民宅基地置换的房地产，应当按照市相关规定办理房地产登记"。这一规定改变了不完全产权置换的格局，自此，上海地区农户在开展宅基地置换后能够获得完全产权安置房。② 嘉定区地方财政收入较高、来源广泛，通用、飞利浦、大众等跨国企业都位于嘉定区。2013 年嘉定区的地方财政收入为 145.39 亿元人民币，相当于义乌市的 1.3 倍。补偿完全产权安置房需要政府在置换前就将安置房建设用地征为国有，在尚未获得新增建设用地出让金之前采用这一措施需要政府有充足的地方财政作为支撑。

从上述分析可知，在宅基地置换中开展网络监管在经济发达地区具有普遍的可行性，但补偿完全产权安置房需要政府拥有较高的地方财政收入，因此在可行性方面有所欠缺。为此，各地政府可以通过拓宽融资渠道，提高融资效率解决前期资金投入问题，借鉴德国在进行土地整理时的融资方式，构建由中央政府、地方政府、集体经济组织及农户共同组成的宅基地置换融资体系。❶

5.1.4 补偿经验总结

上述典型地区的补偿经验，为设计宅基地置换补偿款的使用方式提供了思路。根据这些经验在经济发达地区推广的可行性，本书进行了如下总结。

（1）工商业发达地区在制定补偿政策时，可以探索土地入股分红方式，以此保证农户长远发展，提升农户经济福利水平。这一补偿政策创新在一定程度上解决了第 2 章补偿政策历史变迁梳理中发现的现有政策对农户经济福利损失

---

❶ 胡智超，龙花楼. 中国新农村建设的制约因素及国际经验借鉴 [J]. 地理科学进展，2011，30（8）：1028–1036.

补偿不充分的问题，即未对农户因宅基地置换而损失的利用宅基地进行生产经营获得收益的现状和机会进行补偿；同时，也为第 4 章中测算得到的潜在经济福利损失补偿款应该如何使用提供了思路。从昆山市和义乌市的补偿经验来看，拥有较为发达工商业的地区在开展宅基地置换时，将节约的部分建设用地预留给集体经济组织，鼓励农户将土地使用权和现金组合入股，委托相关公司建设标准厂房进行经营出租。农户既可以自己租用从而减免生产经营成本，也可以委托出租每年获得股份分红。这一补偿措施既补偿了在置换前利用宅基地进行生产经营农户的现有经济福利损失，也补偿了其他农户的潜在经济福利损失，能够带给农户长期、稳定并且高于农业经营的收入。但需要因地制宜地实施这一补偿措施，根据地区经济发展水平决定是否开展。例如，远郊村由于缺乏厂房等出租市场，股份分红难以实现，所以不宜采用此方式。在具体实施过程中，如果建造的标准厂房距离安置小区较近，应尽量采用功能分区的方式，这样有助于安置小区的管理和维护。

（2）拓宽融资渠道，完全与不完全产权安置相结合，充分补偿农户居住与经济福利损失。目前，实施的大多数宅基地置换补偿政策并未给予农户完全产权安置房，农户一般置换得到的是仅有房屋使用权证而没有国有土地使用权证的、带有"小产权房"性质的安置房，无法直接上市交易。私下交易价格又远低于市场价格，不利于保障农户的经济福利。但这种限制交易的措施能够有效地保障农户的居住福利，农户不会因为出售安置房而流离失所。宅基地置换补偿政策需要兼顾农户的居住和经济福利损失，因此可以采用完全与不完全产权安置相结合的措施。这一方面解决了第 2 章提出的目前补偿政策存在的产权置换不符实问题，另一方面也能够起到缓解政府在开展宅基地置换时依靠土地出让金融资困难的作用。

（3）建设老年中心等安置区配套设施，注重补偿老年农户保障和心理福利。通过第 2 章的政策绩效影响机理分析可知，年长农户的福利水平在宅基地置换前后变化较大，其中心理福利降幅显著。昆山市在安置小区开设老年中心的补偿措施能够有效提高年长农户的心理福利水平，为第 4 章测算得到的心理福利补偿款如何使用提供了思路。

（4）利用现代数字技术，开展网络监管，加强农户的参与权和监督权，补偿农户心理福利损失。史清华等通过对上海市闵行区被征地农户的调查认为，经济发达地区农户对征地不满的原因并非是因为征地降低了他们的经济福利，而是因为未能拥有充分的参与权和监督权。❶ 由此可见，加强农户在宅基地置换中的参与和监督，能够有效补偿农户的心理福利。现代网络监管技术拥有投资小、透明度和便捷度高的特点，故可以将第 4 章测算得到的部分心理福利补偿款用于网络监管投资。

（5）创造有利于保持和提升农户福利水平的政策和经济环境。上述各县市、区在开展宅基地置换过程中，补偿创新实践得到认可的原因都是因为经济发达和获得了政策支持这两项。由此可见，良好的政策和经济环境是保证农户福利得到有效补偿的关键因素。

5.2　宅基地置换补偿政策优化设计总体思路

根据本书第 1 章构建的理论分析框架，政策优化设计是在政策元问题被

---

❶　史清华，晋洪涛，卓建伟. 征地一定降低农民收入吗：上海 7 村调查——兼论现行征地制度的缺陷与改革 [J]. 管理世界，2011（3）：77–82.

发现，通过政策绩效评估、政策绩效影响机理分析、政策补偿内容量化测算
得到政策实质问题和正式问题，并找到优化路径之后的一个关键环节，它是
解决政策正式问题的直接路径。因此，能否设计出有效、细化的补偿政策关
系着政策实质和正式问题能否得到有效解决。从这一点可以看出，政策设计
并非政策制定，政策设计是政策制定过程的一个重要阶段，目的是为政策制
定者提供专业的政策备选方案。本书的政策设计是指政策方案设计，根据陈
振明的定义，政策方案设计是通过对政策问题的分析和研究，找到解决办法，
提出具体方案的过程，包括问题构建、目标界定、方案设计、结果预期和方
案选择五个方面的内容。❶陈庆云提出在政策优化设计时，需要具备两个基
本要素，分别是政策目标和政策方案。其中，确定政策目标是前提，设计出
合理具体的备选政策方案是基础，从备选方案中选择最优政策是关键。❷上
述两位学者定义的政策设计是一个广义的政策设计过程，而政策备选方案选
择属于政策制定者的职责范围，故并非本书所指向内容。本书所指的政策优
化设计过程用图 5.1 来表示，依据此图开展本章的设计工作，具体步骤：首
先，依据上文的分析，构建补偿政策的实质问题和正式问题，即回答政策设
计"是什么"的问题。其次，明确政策优化设计的目标，即回答政策设计是
"为了什么"的问题。在上述准备工作基础上，进入正式政策方案优化设计阶
段。此阶段要求政策方案尽量细化，即回答了政策设计"需要做什么"的问题。
最后，对政策方案的可行性、适用性进行论证和预评估，即回答了政策设计"是
否有效"的问题。

---

❶　陈振明.政策科学——公共政策分析导论（第 2 版）[M].北京：中国人民大学出版社，2003：126.
❷　陈庆云.公共政策分析（第 2 版）[M].北京：北京大学出版社，2011：138.

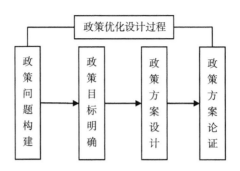

图 5.1　政策优化设计过程图

5.3　宅基地置换补偿政策实质与正式问题构建

政策问题构建是政策优化设计的逻辑起点，这是因为公共政策具有问题取向的特征。正是由于此原因，威廉·邓恩提出了以政策问题为核心的政策分析框架，并将政策分析称之为问题分析之学。邓恩认为政策问题贯穿于政策执行、政策评估、政策结果、政策终止等政策分析的整个过程，具体政策问题的构建流程见图 5.2 ❶，一共分成了相互联系的四个阶段：① 政策设计者通过问题感知获得问题情境，即通过对现实社会的观察，感知和发现问题现象，主要是发现与政策问题有利益关系的人们所共同感受到的问题情境外在表现形态。② 通过问题搜索获得元问题，即从众多问题现象中归纳出一个能够概括现象的总体问题，实质上是找到产生问题现象的原因是什么。③ 通过问题界定获得实质问题，即对问题进行专业分析，找出隐藏在问题现象背后的实质性问题。④ 通过问题

---

❶　威廉·N.邓恩.公共政策分析导论 [M].谢明，译.北京：中国人民大学出版社，2005：166–169.

陈述获得正式问题，即通过对实质问题的分析，确定政策真正需要解决的具体而详细的正式问题。从实质问题到正式问题是一个问题的具体化过程，但很多时候二者的区分界限并不是非常清晰，可能存在交叉部分，因此在进行政策优化设计时需要同时考虑实质和正式问题。政策问题的构建非常重要，倘若对错误的政策问题提出了正确的解决方案，那么真正的政策问题仍然无法得到解决，豪伍德和彼得斯将此称之为政策病理❶，并认为政策病理会最终导致政策方案无效。因此，本书在进行政策优化设计前先对置换补偿政策的问题进行详细的构建。

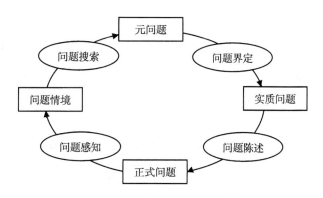

图 5.2　邓恩提出的政策问题构建过程

注：图中椭圆形表示问题构建运用的方法，长方形表示具体构建的问题。

　　本书第 1 章和第 2 章通过定性描述、理论分析、历史梳理以及现状描述感知了问题情境，搜索了元问题。第 3 章和第 4 章通过量化的数学方法界定了实质问题，陈述了正式问题。在政策优化设计前，将通过上述章节研究得到的不同问题进行总结，具体见表 5.1。① 通过对宅基地置换社会问题的感知，发现

---

❶　Brian W. Hogwood, B. Guy Peters. The pathology of public policy[M]. Oxford : Clarendon Press, 1985 : 34.

个别如暴力抗拆等问题现象已经得到了政策的关注，形成了宅基地置换补偿政策的问题情境。② 通过历史梳理和现状分析发现宅基地置换补偿政策问题是导致问题情境的元问题，具体而言是补偿依据不明确、保障福利补偿不完全、经济福利补偿不充分及产权置换不符实。③ 通过以农户福利为标准评估补偿政策绩效，得到补偿政策绩效一般，内部结构不合理是实质问题。具体而言，是现有补偿政策使得居住福利大幅上升、保障福利略有上升，但经济、环境和心理福利却都有不同程度的下降。④ 通过测算宅基地置换中农户福利损失得到补偿标准偏低、补偿目标异化是正式问题，具体而言是保障福利损失忽视补偿、经济福利损失小部分补偿及环境、心理福利损失补偿目标异化。优化设计政策的目的在于解决实质问题和正式问题。因此，本书主要关注设计何种政策能够解决由分析得到的实质问题和正式问题，即如何才能使得补偿政策内部结构合理，补偿标准提高，补偿目标回归。

表 5.1　宅基地置换补偿政策正式与实质问题构建

	问题情境 （研究背景）	元问题 （历史、理论分析）	实质问题 （福利评估）	正式问题 （补偿测算）
问题	问题现象	补偿政策问题	补偿政策绩效一般， 内部不合理	补偿标准总体偏低、 目标异化
具体 表现	个别极端事件	补偿依据不明确	居住福利大幅上升	保障福利损失忽视补偿
	农户暴力抗拆	保障福利补偿不完全	保障福利略有上升	经济福利损失小部分补偿
	农户集体上访 农村拆迁冲突	经济福利补偿不充分 产权置换不符实	经济、环境和心理 福利不同程度下降	环境、心理福利损失补偿 目标异化

5.4　宅基地置换补偿政策优化设计原则与目标

在界定清楚补偿政策要解决的实质问题和正式问题之后，需要明确政策优化设计的原则。平衡计分卡创始人之一，美国著名政策分析家罗伯特·卡普兰提出了在进行政策优化设计时要遵循的原则：公正无偏原则、人民受益原则、劣势者利益最大化原则、分配普遍原则、持续进行原则、人民自主原则及紧急处理原则。❶ 根据上述原则，并结合宅基地置换补偿实际，提出了在宅基地置换补偿政策优化设计时要遵循的四项原则。

政策目标是本书希望通过政策优化设计达到的最为本质的东西。它既是政策优化设计的出发点，也是评估政策优化设计方案是否有效的可靠标准，更是政策优化设计的落脚点。政策目标起到了指导整个政策优化设计的作用，能够使得设计工作不易产生偏离。虽然很多时候，一项公共政策的执行并不能完全完成政策预定目标，从而导致政策绩效不理想，但倘若连政策目标都未能体现正确价值的话，那么政策方案设计、政策执行等就会更加偏离正确政策价值，因此确定有价值的政策目标是进行政策设计的基础。但是一项公共政策的目标具有多样性，多个目标之间可能会存在冲突，本书将宅基地置换补偿政策的主要目标作为政策优化设计的目标。

---

❶　Robert S. Kaplan, David P. Norton. Having trouble with your strategy? Then map it[M]. Massachusetts : Harvard Business School Publishing Corporation, 2000 : 4.

5.4.1 优化设计原则

1. 保障农户福利是第一原则

将保障置换农户的福利作为第一原则，具体原因如下：① 在宅基地置换中，农户是福利受损者，因此要保证其福利得到充分补偿，并且给予农户可持续发展空间，这符合卡普兰提出的公正无偏和劣势者利益最大化原则。② 根据福利经济学补偿理论，给予受损者福利损失充分补偿也是保证政策可持续执行的充分条件。

2. 确保农户自愿参与原则

补偿政策问题出现的原因之一就是政府未能做到充分尊重农户意愿，强制拆迁，导致农户产生不满情绪，从而做出抗拒拆迁等影响社会稳定的极端行为，因此要设计能够充分保障农户参与权的机制。这也符合了卡普兰提出的人民自主原则，故将确保农户自愿参与作为政策优化设计的原则之一。

3. 置换补偿合理分配原则

政府通过宅基地置换获得新增建设用地指标，将指标出让获取土地增值收益。虽然在国务院和国土资源部下发的关于城乡建设用地增减挂钩的政策文本中，多次提及要确保将土地增值收益全额返还给农户和农村集体，但并未制定出切实可行的返还方案。目前，补偿标准低、内部结构不合理仍然是导致农户福利受损、宅基地置换补偿政策绩效不理想的原因之一。因此，要将置换补偿合理分配作为政策优化设计的原则之一。这也符合卡普兰提出的分配普遍原则。

4. 置换方式多样化原则

根据森的福利定义，自由和选择是人们福利的组成部分，能对人们的可持续发展有所帮助。若将农户视为理性经济人，那么农户会根据自身特征，选择能够使自己利益最大化的置换方式。因此，为了最大限度地维护农户权益，要设计多种置换方式供农户选择，故将置换方式多样化作为政策优化设计的原则之一。

5.4.2　优化设计目标：继续坚持生活不降低，生计有保障

学者们普遍认同政策目标确定最基本的是需要兼顾效率和公平。具体而言，是政策目标确定需遵循问题导向、面向未来、系统协调、明确具体及体现伦理的原则，据此将宅基地置换补偿政策的主要目标设定为至少保持农户现有生活水平不降低、长远生计有保障，在进行量化研究时，至少保持农户现有福利水平不变，尽量提高农户福利水平，理由如下：① 根据上文分析，目前在宅基地置换中出现问题最多的就是损害农户福利的行为，由此引发的个别群体性事件影响了社会稳定，因此该政策目标具有问题导向性。② 我国目前在经济发展过程中，强调以城带乡，以工促农，城乡统筹协调发展，由此可见对农户福利的关注，符合我国的长远利益，因此该政策目标体现了面向未来的原则。③ 福利经济学中的补偿理论立足于追求效率和公平的统一，根据上文的分析，福利经济学补偿理论要求宅基地置换补偿政策能够实现保持农户原有福利水平不变，因此该政策目标体现了效率与公平的系统协调。④ 以农户为补偿对象，以保持福利水平不变为补偿标准，体现了明确具体的原则。⑤ 农户作为弱势群体，同

时也是宅基地置换政策的利益受损者，将保持其福利水平不变，并尽量提高其福利水平作为政策目标体现了社会伦理性。

5.5　宅基地置换补偿政策优化设计方案

要解决上述补偿政策中存在的实质和正式问题，达到补偿政策目标，就需要对现有补偿政策进行优化，设计出新的政策方案，正如陈振明所说"政策方案设计就是针对政策问题，依据政策目标，设计实现目标的各种可能性方案的过程，这一过程被形象地称为'大胆假设、小心求证'的过程"。❶ 在进行政策优化方案设计时，先要拟定基本框架，即政策方案的轮廓设想，然后再进行政策方案的细化，即对政策方案进行具体细化加工。

5.5.1　优化设计方案的整体框架

基于上述政策优化设计的原则与目标，结合政策优化设计的基本步骤，构建政策优化设计方案的整体框架，具体见图 5.3。政策优化设计的基本步骤如下：① 提出实现首要目标的细化方案，即提出保持和提高置换农户福利水平，实现政策文本中的置换农户生活水平不降低，长远生计有所保障需要给农户多少补偿款。② 提出实现首要目标的具体方式，遵循置换补偿合理分配的原则，提出补偿款的具体分配方式，即经济福利应该补偿多少？保障福利应该补偿多少？

---

❶　陈振明 . 政策科学——公共政策分析导论（第 2 版）[M]. 北京：中国人民大学出版社，2003：95.

③ 设计具体的政策手段，遵循置换方式多样化、确保农户自愿参与的原则，解决补偿款该花在哪的问题，是直接给货币还是安排社保抑或是其他。

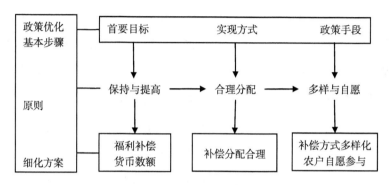

图 5.3　宅基地置换补偿政策优化方案整体框架

5.5.2　优化设计方案的具体措施

根据上述政策优化方案整体框架，以苏州市为例，提出政策优化设计具体措施。首先，确定置换补偿款的货币数额；其次，明确各项资金的具体分配情况和使用方式，提出资金使用过程中的监督管理；最后，列出在宅基地补偿中需要同时开展的配套措施。

1. 置换补偿款货币数额与来源

根据第 4 章的研究结论，即使在作为经济发达地区的苏州，并且按照现有最高补偿标准，也还是低于依据农户福利测算得到的宅基地置换补偿标准。具体而言，若要保持农户现有福利水平不变，那么需要将现行补偿标准提高 1.2 倍。若要实现农户长远生计有所保障，那么要将现行补偿标准提高 1.8 倍。作为经济发达地区的苏州补偿标准高于全国平均水平也是如此，那么在经济欠发达地区就更需要进一步提高补偿标准。只有这样，才能实现保持和提高置换农户福利水平的首要政策目标。

在开展宅基地置换时，中央政府要求先建后拆。在这一要求指导下，地方政府需要在安置房竣工之后，才能拆除农户原有宅基地之上的房屋。因此，在实施宅基地置换前，要有大量的启动资金。一般而言，地方政府都是依靠土地出让金作为抵押向银行借取贷款进行融资的。这一融资方式在工商业发达、区位条件好、土地价值高的地区能够实现资金和土地的双平衡，但在远郊等区位优势并不明显的地区采用上述融资方式就会陷入资金和土地不能同时达到平衡的困境。也就是说，远郊地区土地价值有限，由耕地占补平衡节约的建设用地进行出让后获得的资金不足以偿还贷款，要想偿还贷款，就需要出让更多土地，那么土地平衡就会被打破。根据调研访谈了解到，昆山市在实施宅基地置换时，平均每亩土地给予农户的安置补偿款约为 145 万元人民币，而每亩工业用地的价格基本都高于 200 万元，因此在实现资金平衡的同时还有溢价空间。然而，与此相反，相关资料显示，在天津市蓟县就出现了土地和资金难以实现双平衡的问题。因此，在补偿款来源方面要鼓励多渠道融资，探索地方政府、银行、安置房建设公司、集体经济组织等主体共同融资的方式筹措启动资金，真正做到取之于民，用之于民。

2. 置换补偿款具体分配与使用

（1）经济福利补偿款的分配与使用。提高补偿款数额并增加补偿内容。根据第 4 章的测算，可行能力范围内每平方米宅基地需要给予农户 1678.555 元的潜在经济福利损失补偿，占补偿款总额的 39.6%。虽然这一数额不一定精确，但这一研究结论可以作为政策的有效参考。从中可以看出经济福利补偿款占补偿款总额的多数，这说明经济福利对于经济发达地区置换农户仍然较为重要。但苏州市现行补偿中仅有区位补偿款体现了对经济福利的补偿，而未对农户因宅基地置换而失去的通过宅基地生产经营与出租获得收益的机会进行补偿，因此地方政府需要在提高经济福利补偿款的同时增加经济福利的补偿内容。

第 3 章通过政策评估得到经济福利权重占总权重比例较高，这进一步验证了第 4 章经济福利对于置换农户较为重要的结论。另外，根据第 3 章的政策评估结论可知，主要由于农业收入和人均纯收入的减少，导致了置换后农户经济福利有所下降，因此地方政府可以将这部分经济福利补偿款主要用于抵消农户因农业收入减少、支出增加而导致的福利损失。

根据第 3 章的影响因素分析得到结论，年龄在 40~59 岁、选择换地换社保置换方式的农户在置换后经济福利损失较小。这可能是因为这部分群体的非农就业率高，原有社会关系得到了维持，所以地方政府可以将部分经济福利补偿款用于对置换农户的非农就业培训、创造更多非农就业机会，重新培育有利于农户长远发展的社交网络这些方面。另外，据义乌市分离生活生产用房的置换补偿经验，有条件地区还可以将部分经济福利补偿款用于建设标准厂房，通过入股分红或者农户自租的方式减少置换农户的经济福利损失。

（2）居住福利补偿款的分配与使用：完全与不完全产权、住房与厂房补偿相结合。根据第 4 章的测算，居住福利补偿款与苏州市现行补偿款数额相同，因为都是按照农户原有房屋重置价的评估价测算得到的，单位宅基地需要给予农户的居住福利损失补偿款货币数额为 969.247 元。同时，第 3 章的政策绩效评估结论发现农户在置换后，居住福利水平显著提高，这说明现有补偿能够较好提高农户的居住福利水平。但与此同时，苏州市农户通过产权置换获得的安置房很大一部分不具有完全产权，这在一定程度上影响了农户的居住福利。结合嘉定区和义乌市的补偿经验，地方政府可以在足额补偿的基础上，给予农户完全与不完全产权相结合的安置房。农户用于居住的安置房采用不完全产权的方式（至少保证有一套不完全产权安置房），如规定在5年之后才能上市交易，这有利于保障农户的居住福利，不至于无房可住。农户用于出租或者出售的安置房采用完全产权方式，这有利于保障农户的经济福利。另外，政府在对安置小区规划时可以考虑对自住和出租用房进行功能分区，这有助于安置小区的维护和管理。

同时，根据义乌市的经验，在进行居住福利补偿时，地方政府可以采用农户自由选择住房与厂房组合置换结合的方式。在这一做法指导下，农户可以根据宅基地与房屋的评估面积，选择全部置换成安置房，或者一部分置换成安置房一部分置换成标准厂房，或者全部置换成标准厂房（前提是农户已经拥有其他住房）。置换标准厂房的农户，置换所得标准厂房的所有权和出租收益归农户所有，其既可以利用标准厂房自己进行生产经营，从而减少成本，也可以进行出租获得非农收入。

（3）保障福利补偿款的分配与使用。增设居住、失业保障福利补偿。根据第2章的历史梳理和现状分析发现，现有宅基地置换补偿政策未对宅基地所拥有的居住保障福利进行补偿，默认为给予住房安置等同于居住保障福利，但这有悖于城镇已经拥有住房的居民仍有住房公积金等居住保障福利的思路。虽然第3章在进行政策绩效评估时，得到宅基地置换后农户的保障福利略有上升的结论，但这主要是因为农户将承包地置换成了养老保障，而不是因为宅基地置换，在养老保障福利得到改善的同时失业保障福利却降低了。第4

章的研究发现，苏州市现有补偿政策只对宅基地之于农户的居住福利进行补偿，而未对居住保障福利、失业保障福利进行补偿，忽视了宅基地的居住和失业保障功能，因此需要增加保障福利补偿的内容。就补偿款货币数额而言，需要将单位面积宅基地保障福利的补偿款增加至 1568.004 元，这可以作为补偿政策优化设计时的参考价格。这一补偿款可以用于为农户加纳住房公积金、失业保险金等。

（4）环境和心理福利补偿款的分配与使用。特别关注年长、文化程度较低的农户。根据第 3 章的研究，在宅基地置换后，环境和心理福利是降幅最明显的两项福利，但是在第 4 章研究中发现，苏州市现行补偿中未有涉及环境福利补偿的内容，对心理福利的补偿是以搬迁补偿费、奖励费等方式给予的。这些补偿的主要目标并非维持和提升农户福利，而是为了加快拆迁速度，提高置换效率，实质上对农户心理福利带来了负面影响，出现了补偿目标异化的问题。因此，地方政府在宅基地置换补偿政策优化时，要增设环境和心理福利补偿款项。第 4 章中通过测算得到单位面积宅基地环境福利的补偿款数额为 14.293 元，单位面积宅基地心理福利的补偿款数额为 8.423 元。这两项货币补偿数额可以作为政策设计时的参考数额，地方政府可以将这部分补偿款用于改善农户的环境和心理福利，并非只有直接给予货币补偿这一途径。根据昆山市和嘉定区的补偿经验借鉴，地方政府可以将这部分补偿款用于建设网络监管平台、老年活动中心等。

根据第 3 章置换农户福利水平影响因素的分析，年长和文化程度较低的农户在宅基地置换后福利变化最明显。也就是说，这一群体对宅基地置换最敏感，他们在宅基地置换后保障福利上升明显，但环境和心理福利却下降很快。这说明他们对于新环境的适应能力差，需要政府在开展宅基地置换时对他们进行特殊照顾。比如，为文化程度较低的农户开展职业培训，增加他们获得非农就业的机会，并进行心理疏导；为年长的农户增设一些符合农村生活习惯的设施，如婚丧嫁娶办酒场所等。第3章研究结论表明文化程度处于初中这一阶段的农户整体福利上升明显，因此政府需要加大义务教育的投入，将提高农户的基本文化素质作为增进农户福利的长效机制，这样才能推动农户利用自身条件将置换获得的经济、保障等收益转换为真正的福利。

3. 置换补偿款的监督管理

农户作为宅基地置换最大的利益相关者，理应有权监督置换补偿款的使用情况。这也有助于防止农户之间进行攀比，改善农户心理福利水平。根据嘉定区的经验，并结合各地实际情况，地方政府在开展宅基地置换的过程中，可以采用虚拟与现实公示相结合的方式，将房屋拆迁范围、面积、每户补偿款数额、土地出让金收益、原有宅基地用途等内容向农户公示，并建立置换补偿档案供农户进行查阅，以便农户对补偿款使用情况等进行监督，增加宅基地置换的透明度。若农户对置换补偿有异议，政府需要确保行政复议、行政诉讼途径畅通，从而减少暴力冲突事件的发生。

4. 其他置换补偿配套措施

（1）倡导承包地换社保的置换方式。通过第3章的研究发现，当政府采用换地换社保的置换方式时，农户福利上升较为明显。这说明承包地换社保方式较之于换租方式更有利于提高农户福利水平。因此，在宅基地置换时，倡导农户将承包地置换成社保，以此保证农户的长远生计。产生上述结果的原因还可能是由于承包地换租金方式给予农户的收益不足以弥补其损失。根据调研走访，采用换租方式的农户一年每亩收益平均在 700 元人民币左右，远不及其在耕种时的收益，而没有承包地之后支出却明显增加，采用换租方式的农户明显对村集体租金分红时的不公开透明表示不满，而且租金收益也有限，由此可知，若要推行换租方式，需要增加承包地的租金收益。

（2）加快出台国家层面有关宅基地置换补偿政策的文件。根据第 2 章的历史梳理与现状研究发现，目前尚未出台国家层面的关于宅基地置换补偿政策文件，各地宅基地置换补偿要么按照征地补偿标准进行，要么由各级地方政府自行制定。这样不仅标准不统一，而且同一地区不同乡镇之间也存在差别，诚然补偿标准需要因地制宜，但补偿原则、补偿计算公式等一般化的内容可以由中央政府进行统一规定，这样才能破解地方政府既是裁判员又是运动员的矛盾，因此需要从国家层面对宅基地置换补偿进行规范。根据预测，有关集体房屋拆迁补偿条例即将出台，但由于补偿政策不够细化等原因有所推迟，希望通过本书能够对推动条例出台有所帮助。该政策文件应继续以保持和提高农户福利水平的公平正义补偿为原则，具体补偿公式规定可以参考第 4 章中提出的公式。

（3）引导农户参与宅基地置换补偿政策制定。从第 2 章对宅基地置换政策文本的分析中发现，国家目前倡导宅基地置换方式而非国家征地方式来获取城市建设用地是为了尊重农户的参与权，农户参与宅基地置换决策不仅能够使宅基地置换方案更加有利于保障农户福利，同时也能够提升农户的心理福利水平。具体而言，镇街级以下的政府可以将拟定的宅基地置换补偿方案通过村民代表大会的形式供农户进行讨论，根据他们的需要对补偿方案进行修改，直至达到一定比例的农户通过补偿方案后再实施宅基地置换。

（4）规范宅基地置换补偿程序。首先，对开展宅基地置换涉及的人口、房屋面积等进行调查核实，并将置换申请提交村民代表大会进行审议，只有申请通过之后才能向上级部门进一步提出申请。其次，在申请通过后，就置换方式、置换补偿款金额、补偿支付期限、安置房面积和地点、标准厂房面积和地点、过渡费、过渡期限、过渡方式及停产停业损失等事项与农户签订安置协议。只有农户在安置协议上签字之后，才能开展宅基地置换。此外，宅基地置换要严格执行中央政府提出的先建后拆的要求，地方政府只有在安置房竣工并达到入住条件后，才能对农户原有宅基地之上的房屋进行拆除。最后，置换完成之后，将土地出让收益使用情况等向农户公开，接受农户监督。

5.6　宅基地置换补偿政策优化设计方案论证

陈庆云在《公共政策分析》中提出，在设计出优化了的政策方案之后，要对其进行评估和论证，这与公共政策执行完毕之后的绩效评估有所不同，政策方案评估是在政策出台之前，称之为预评估，而政策绩效评估是在政策出台并执行之后 ❶，张国庆认为政策方案评估一般需要包括价值论证、效果论证、风险论证以及可行性论证 ❷，按照张国庆的观点，对本书提出的政策优化方案进行论证。

5.6.1　价值论证

政策的价值论证实质上是一个涉及伦理论证的过程，本书优化设计的补偿

---

❶　陈庆云.公共政策分析（第 2 版）[M].北京：北京大学出版社，2011：302.
❷　张国庆.公共政策分析 [M].上海：复旦大学出版社，2004：162.

政策目标仍然坚持现有的农户生活水平不降低、长远生计有保障。这符合我国科学发展观的核心内容——以人为本，即经济、社会和文化的发展是为了提高人民的福利水平。由此可见，补偿政策优化设计方案价值取向是正确的。

5.6.2　效果论证

所谓效果论证是指预测和分析政策优化方案将会产生的效果，政策效果分析一般包括以下几个方面：政策的经济和社会效果、政策的物质和精神效果，政策方案经过优化设计后需要尽可能多地产生积极和正面效果。宅基地置换补偿政策经过优化设计后，就经济和物质效果而言，能够有效增加农户和集体经济组织的经济收入，也能够促进整个社会的经济发展；就社会效果而言，能够减少因拆迁引发的社会不稳定事件发生率；就精神效果而言，能够有效缓解老年农户的不适心理，减少老年农户的心理福利损失。因此，总体来说，优化设计后的宅基地置换补偿政策能够达到积极正面效果。

5.6.3　风险论证

德国社会学家贝克提出了风险社会管理理论，他认为社会风险是时刻存在的，但风险是可以预防、缓冲和应对的，合理的补偿是化解社会风险的有效办法。政策方案也存在风险，只是不同方案风险的强弱程度不同，本书优化设计的补偿政策方案正是为了减少拆迁恶性冲突事件而提出来的，通过提高补偿标准、优化补偿分配等措施能够降低社会风险。

5.6.4　可行性论证

帕顿和沙维奇在《政策分析和规划的初步方法》中引用了巴尔达赫的观点，巴尔达赫认为主要从技术可行性、经济可行性、政治可行性和行政可行性对优化设计政策方案的可行性进行论证。❶ ① 在技术可行性方面。技术可行性是指从技术角度衡量政策优化设计方案是否能够实现预期的政策目标，主要是论证实施政策方案的现有技术手段是否已经具备。本书设计的方案基本明确了每项福利补偿的具体货币数额，虽然并不一定精确，但对实际操作具有参考意义，而且并未涉及技术难题，因此技术方面可行。② 经济可行性，依据农户福利提出的补偿标准，相对于土地出让金来说仍然较低，只是在这一补偿标准下，政府收益有所减少，因此经济上具有可行性。③ 政治可行性，我国执政党是代表最广大人民群众利益的中国共产党，而且历年多次"一号文件"都是以农业为主题，因此具有政治可行性。④ 行政可行性，由于地方政府目前仍然依赖土地财政，因此对于提高补偿标准，优化补偿配置的政策方案可能会有所排斥，因此行政可行性方面有所欠缺。

5.7　本章小结

本章在总结归纳典型地区置换补偿政策创新实践经验的基础上，根据政策实质与正式问题构建、政策目标明确、政策方案设计及政策方案论证的政策优

---

❶　卡尔·帕顿，大卫·沙维奇. 政策分析和规划的初步方法 [M]. 孙兰芝，译. 北京：华夏出版社，2001：152.

化设计流程，结合本书第 2 章、第 3 章和第 4 章分析得到的结论进行了政策优化设计。

第一，对昆山市、义乌市及嘉定区在宅基地置换中值得借鉴的经验进行了归纳和总结，分别是在工商业发达地区可以探索土地入股分红的补偿方式；各地宅基地置换补偿要拓宽融资渠道，将完全与不完全产权安置结合起来进行补偿；建设老年中心等安置区配套设施，注重老年农户的保障和心理福利补偿；利用现代数字技术，开展网络监管，加强农户的参与权与监督权；创造有利于保持和提升农户福利水平的政策和经济环境。

第二，构建了宅基地置换补偿政策的实质问题和正式问题，分别是补偿政策内部结构不合理，补偿标准偏低以及补偿政策目标异化。为了解决上述问题，提出要继续坚持以农户生活水平不降低、长远生计有保障为政策目标，将保障农户福利、确保农户自愿参与、置换补偿合理分配以及置换方式多样化作为补偿原则，进行政策方案的优化设计。

根据上述问题、目标和原则，优化设计了具体政策方案。总体而言，置换补偿款货币数额需要进一步提高，采用地方政府、银行、安置房建设公司、集体经济组织等主体共同融资的方式筹措启动资金；注重对农户经济福利损失的补偿，将经济福利补偿款主要用于非农就业培训、创造非农就业机会、建设标准厂房这三个方面；将居住福利补偿款主要用于建造完全与不完全产权安置房，并提倡在规划时对居住用房与出租用房进行功能分区；将保障福利补偿款主要用于补偿农户因失去宅基地而损失的居住保障与就业保障福利，具体表现形式可以是住房公积金及失业保险等；将环境和心理福利补偿款主要用于关注年长和文化程度较低农户的环境和心理福利状况，具体可以建设老年活动中心、网络监管平台等。另外，设计对置换补偿款的监督管理措施以及相关的配套措施。

第三，对这一具体细化的政策优化设计方案从价值、效果、风险及可行性方面进行了论证，得到除了行政可行性方面有所欠缺外，整体方案的论证结果较好，能对制定即将出台的关于集体土地置换与房屋拆迁补偿条例起到一定的参考作用。

第6章 研究结论与展望

本书以农户福利为视角研究宅基地置换补偿政策的历史嬗变与现有状况，评估政策绩效与影响因素，测算补偿标准，并提出优化路径。首先，梳理了宅基地置换补偿政策的历史变迁进程与政策现状，从中总结变迁规律，分析存在问题，预测发展趋势。其次，从农户福利视角评价宅基地置换补偿政策的绩效，分析绩效的影响因素，并通过测算宅基地置换中的农户福利损失货币补偿款数额，为宅基地置换补偿政策优化设计提供可操作性建议。最后，根据前几部分的研究结果，进行宅基地置换补偿政策方案的优化设计，为即将出台的集体土地房屋拆迁补偿条例提供备选方案参考。通过上述研究，得到的基本结论以及有待进一步研究的方向如下。

6.1 研究的基本结论

6.1.1 宅基地置换补偿政策的实质和正式问题是农户福利补偿问题

在城镇化加速推进的当下，各地广泛开展城乡建设用地增减挂钩，由宅基地置换引发的农户被上楼等问题引起了社会的广泛关注。这一问题感知背后隐藏的是宅基地置换补偿政策问题这一元问题，元问题背后的实质与正式问题则是宅基地置换补偿未能关注农户福利，并未实现政策文本中提出的保证农户生活水平不降低、长远生计有保障的政策目标，因此农户福利补偿问题是宅基地置换补偿政策的实质和正式问题。

6.1.2 现有宅基地置换补偿政策未能完全体现农户福利补偿

以宅基地之于农户的不同福利内容为主线，梳理宅基地置换补偿政策历史变迁，发现虽然宅基地置换与征地属于两个不同领域，宅基地置换更加强调村集体的自主权和农户的参与权，征地更加强调政府的主导作用，但在具体实施过程中，各级地方政府并不严格区分征地和宅基地置换补偿标准，宅基地置换补偿延续着征地补偿的思路，甚至标准低于征地补偿，而且在宅基地置换补偿的政策文本中也未有体现针对置换农户的特殊条款。宅基地按照农地用途进行补偿，不仅忽视了宅基地之于农户的经济福利，而且也体现不出宅基地之于农户的居住保障福利。同时，多个地区实行的产权置换实际上未能使农户获得国有土地使用权证和房产证，产权置换内容与实际不符合。

6.1.3　农户福利视角下宅基地置换补偿政策绩效一般、结构不合理

以长江三角洲地区为实证研究样本区域，希望通过对经济发达地区宅基地置换补偿政策绩效的评估为其他地区提供先验性启示。通过对该区域宅基地置换前后农户福利水平的评估发现，虽然整体而言在宅基地置换后，农户福利水平有所上升，但这种上升主要依靠居住福利的大幅度改善带动的，保障福利略微上升，其他福利都有不同程度的下降，能够影响农户可持续发展长远利益的环境、心理福利未能得到有效补偿。由此可见，从农户福利视角来看，宅基地置换补偿政策的绩效一般，结构不合理。

6.1.4　农户个人特征、置换方式等对宅基地置换补偿政策绩效有影响

根据年龄、文化程度、置换方式、地均 GDP 等不同个体和社会特征将农户分成不同群组，对各群组间的农户福利水平进行比较。结果发现，从整体福利上来看，文化程度处于初中阶段、采用换地换社保方式的置换农户福利水平上升较快，中年农户福利变化较小。从具体的福利内容来看，年长、文化程度低、采用换房换社保方式的农户保障福利上升幅度大，而年长、文化程度低的农户环境和心理福利下降幅度大。由此可见，农户个人特征、置换方式对宅基地置换补偿政策绩效有影响。

6.1.5　宅基地置换补偿标准需进一步提高、内部结构需进一步优化

以苏州市为样本区域，将宅基地之于农户福利作为标准对宅基地置换补偿标准进行测算，得到的基本结论是，即使在补偿标准高于全国平均水平的苏州地区，宅基地置换的现行补偿标准仍然低于按照农户福利测算得到的补偿标准。如果仅考虑农户现实福利，那么现行补偿标准需要提高 1.2 倍；如果考虑农户长远发展福利，那么现行补偿标准需要提高 1.8 倍。不仅补偿标准偏低，内部结构也不合理。现行补偿并未体现对宅基地居住保障福利、环境福利和心理福利的补偿，同时经济福利补偿未体现宅基地之于农户的生产经营和出租经济福利，因此在补偿标准提高的同时，内部结构也需要进一步优化。

6.1.6　宅基地置换补偿政策继续坚持以保持和提升农户福利为首要目标

第 5 章根据政策方案设计流程优化设计了宅基地置换补偿政策方案，以供政策制定者进行选择。分析发现保持和提升农户福利符合政策目标制定的问题导向、面向未来、系统协调、明确具体体现伦理的原则，因此在政策优化设计时要继续坚持将其作为首要目标，具体的政策条款都是对这一首要目标的体现。根据置换补偿政策设计时的保障农户福利、确保农户自愿参与、置换补偿合理分配及置换方式多样化原则，借鉴典型地区的补偿经验，优化设计了根据第 7 章测算得到的补偿款具体应该如何分配使用的政策方案。

6.2　研究的进一步展望

6.2.1　宅基地置换补偿政策绩效影响分析方法的完善

正如上文提到的，在从农户福利视角分析宅基地置换补偿政策绩效的影响机理时，本书仍然沿用了模糊评估法，将农户按照个人和社会特征不同分成不同群组进行比较，但这一方法的直观性和机理揭示程度不够深入和全面。国外已有学者利用结构方程模型这一能够同时处理多个潜在变量的计量模型对福利的影响因素进行分析，因此在今后的研究中可以借鉴此方法，希望能够通过更加科学的方法揭示补偿政策绩效的影响机理。

6.2.2　宅基地置换补偿款分配使用方式研究

本书对宅基地之于农户福利的货币数额进行了测算，为补偿政策优化设计提供了具有可操作性的建议，但是补偿并不能仅采用单一的货币补偿方式，需要探索多样化的补偿渠道。由于农户的文化程度、非农劳动技能等一般都较低，对待消费的态度也缺乏合理的引导。倘若一次性将所有补偿款都给予农户，可能会出现某些地区已经出现的豪赌返贫、奢侈浪费等新问题。这会影响农户的长远发展，不符合提升农户福利水平的补偿政策首要目标。出现上述问题的元问题是补偿款的使用方式存在问题，本书通过经验借鉴进行了初步探索，在今后的研究中，要加强对补偿款使用方式的探讨，探索多样化的补偿款使用方式。

6.2.3　从其他视角对宅基地置换补偿政策进行研究

经过本书的分析可知，目前宅基地置换补偿政策的主要目标是维持和提升农户福利水平。但是作为一项公共政策，其政策目标具有多元化特点，补偿政策还有保证社会稳定、加快宅基地置换进程、促进城乡建设用地一体化市场建立等多元目标，这意味着可以分别从这些不同角度评估宅基地置换补偿政策绩效，也可以将之纳入统一指标体系对补偿政策绩效进行综合评估。因此，在今后的研究中，也需要关注其他视角下宅基地置换补偿政策的绩效。

参考文献

1. 中文文献

[1]　安虎森，邹璇.失地农户补偿问题研究 [J].求索，2006（6）：1–5.

[2]　埃贡·G.古贝，伊冯娜·S.林肯.第四代评估 [M].杨爱华，秦霖，杨爱华，秦霖，蒋燕玲，译.北京：中国人民大学出版社，2008.

[3]　阿玛蒂亚·森.以自由看待发展 [M].于真，任赜，译.北京：中国人民大学出版社，2002.

[4]　保罗·A.萨巴蒂尔保罗.政策过程理论 [M].北京：生活·读书·新知三联书店，2004.

[5]　贝斯特，凯尔纳.后现代理论：批判性的质疑 [M].张志斌，译.北京：中央编译出版社，2004.

[6]　毕亮亮."多源流框架"对中国政策过程的解释力——以江浙跨行政区水污染防治合作的政策过程为例 [J].公共管理学报，2007，4（2）：36–41.

[7]　蔡银莺，宗琪，张安录.江汉平原农地资源价值研究 [J].中国人口·资源与环境，2007（3）：85–89.

[8]　蔡银莺,张安录.武汉市农地资源非市场价值研究 [J].资源科学,2006(6)：104–111.

[9]　蔡银莺, 张安录.武汉市农地非市场价值评估 [J].生态学报, 2007（2）：763–773.

[10]　陈标金, 李大胜.征地补偿标准与失地农户的利益保护 [J].华中农业大学学报（社会科学版）, 2007（4）：46–49.

[11]　崔宝敏.天津市"以宅基地换房"的农村集体建设用地流转新模式 [J].中国土地科学, 2010（5）：37–40.

[12]　陈小君.农村土地制度的物权法规范解析——学习《关于推进农村改革发展若干重大问题的决定》后的思考 [J].法商研究, 2009（1）：3–11.

[13]　陈小君, 蒋省三.宅基地使用权制度：规范解析、实践挑战及其立法回应 [J].管理世界, 2010（10）：1–12.

[14]　陈小君.农村集体土地征收的法理反思与制度重构 [J].中国法学, 2012（1）：33–44.

[15]　陈庆云.公共政策分析（第2版）[M].北京：北京大学出版社, 2011.

[16]　陈利根, 成程.基于农户福利的宅基地流转模式比较与路径选择 [J].中国土地科学, 2012（10）：67–74.

[17]　陈锡文.有必要大幅度提高农户在土地增值收益中的分配比例 [J].农村工作通讯, 2012（17）：34.

[18]　陈振明.政策科学——公共政策分析导论（第2版）[M].北京：中国人民大学出版社, 2003.

[19]　陈柏峰.农村宅基地限制交易的正当性 [J].中国土地科学, 2007（4）：44–48.

[20] 程文仕, 曹春, 杜自强, 等. 基于市场决定理念下的征地补偿标准确定方法研究——以甘肃省张掖市城市规划区为例 [J]. 中国土地科学, 2009（9）: 41–46.

[21] 程连生, 冯文勇, 蒋立宏. 太原盆地东南部农村聚落空心化机理分析 [J]. 地理学报, 2001, 56（4）: 437–446.

[22] 程世勇, 江永基. 农村宅基地流转中的市场失灵和政府行为 [J]. 农村经济, 2010（6）: 9–12.

[23] 程衍方. 中国人居住小康标准解读 [J]. 小康, 2005（3）: 45–46.

[24] 费孝通. 乡土中国生育制度 [M]. 北京: 北京大学出版社, 1998.

[25] 冯乐坤. 对我国土地征用补偿方式的反思——一种社会保障的视角 [J]. 法商研究, 2005（5）: 65–70.

[26] 冯双生, 张桂文. 宅基地置换中农户权益受损问题及对策研究 [J]. 农业经济问题, 2013（12）: 31–39.

[27] 方福前, 吕文慧. 中国城镇居民福利水平影响因素分析——基于阿玛蒂亚·森的能力方法和结构方程模型 [J]. 管理世界, 2009（4）: 17–26.

[28] 高进云, 乔荣锋, 张安录. 农地城市流转前后农户福利变化的模糊评价——基于森的可行能力理论 [J]. 管理世界, 2007（6）: 45–55.

[29] 高清荜, 郧艳辉. 从土地的保障功能探讨失地农户社会保障对策 [J]. 中国国土资源经济, 2008（4）: 16–18.

[30] 高海, 刘红. 劳务出资对土地承包经营权入股合作社的启迪——基于重庆、浙江等地方性文件的样本分析 [J]. 农业经济问题, 2010（11）: 34–39.

[31] 关江华, 黄朝禧, 胡银根. 基于 Logistic 回归模型的农户宅基地流转意愿研究——以微观福利为视角 [J]. 经济地理, 2013（8）: 128–133.

[32] 郭玲霞.农地城市流转对失地农户福利影响及征地补偿研究 [D].武汉：华中农业大学，2012.

[33] 黄忠华，杜雪君，虞晓芬.中国宅基地流转研究综述 [J].中国房地产，2012（10）：67–72.

[34] 韩俊.中国农村土地问题调查 [M].上海：上海远东出版社，2009.

[35] 韩俊，秦中春，张云华，等.引导农户集中居住存在的问题与政策思考 [J].调查研究报告，2007（254）：1–20.

[36] 韩松.新农村建设中土地流转的现实问题及其对策 [J].中国法学，2012（1）：19–32.

[37] 韩克庆.土地能承载农户的社会保障吗 ?[J].学海，2004（5）：57–61.

[38] 贺丹，陈银蓉.水库安置区居民土地流转前后福利变化模糊评价 [J].中国人口·资源与环境，2012（11）：116–123.

[39] 胡银根，张曼.农户工宅基地退出的补偿意愿及影响因素研究——基于武汉市城市圈的问卷调查 [J].华中农业大学学报（社会科学版），2013（4）：90–95.

[40] 胡银根，张曼，魏西云，等.农村宅基地退出的补偿测算——以商丘市农村地区为例 [J].中国土地科学，2013（3）：29–35.

[41] 胡锦光，王锴.论公共利益概念的界定 [J].法学论坛，2005（1）：10–14.

[42] 贾立政，陈阳波，魏爱云，等.顶级专家辨析新型城镇化六个核心问题 [J].人民论坛，2013（4）：12–13.

[43] 贾莉，闫小培.从城乡统筹的视角看农村宅基地的流转 [J].调研世界，2008（8）：10–12.

[44] 江辉，焦卫平，路婕，等.关于中国农村宅基地使用权流转问题的探讨 [J].中国农学通报，2007，23（12）：376–380.

[45] 卡尔·帕顿·大卫·沙维奇.政策分析和规划的初步方法 [M].孙兰芝，译.北京：华夏出版社，2001.

[46] 刘守英.警惕：现行土地制度的五个不可持续 [J].半月谈，2013（19）：38–39.

[47] 刘守英.中国的二元土地权利制度与土地市场残缺——对现行政策、法律与地方创新的回顾与评论 [J].经济研究参考，2008（31）：2–12.

[48] 刘连泰，左迪.征收法上按公平市场价值补偿规则的白圭之玷——以美国法为例 [J].浙江社会科学，2013（9）：55–62.

[49] 刘祥琪，陈钊，赵阳.程序公正先于货币补偿:农户征地满意度的决定 [J].管理世界，2012（2）：44–51.

[50] 刘亭，庞亚君，赖华东，等.农村宅基地置换问题探讨——以义乌、松阳为例 [J].浙江社会科学，2009（10）：119–122.

[51] 刘畅.全国"土地财政"明显升温 [EB/OL].http：//house.people.com.cn/n/2014/0301/c194441–24499690.html.

[52] 李裕瑞，刘彦随，龙花楼.中国农村人口与农村居民点用地的时空变化 [J].自然资源学报，2010（10）：1629–1638.

[53] 陆学艺，李培林，陈光金.2013 年中国社会形势分析与预测（2013 版）[M].北京：社会科学文献出版社，2012.

[54] 李庆海，李锐，王兆华.农户土地租赁行为及其福利效果 [J].经济学，2012（1）：269–288.

[55] 林乐芬，金媛. 农地流转方式福利效应研究——基于农地流转供求方的理性选择 [J]. 南京社会科学，2012（9）：74–79.

[56] 林乐芬，金媛. 征地补偿政策效应影响因素分析——基于江苏省镇江市40 个村 1703 户农户调查数据 [J]. 中国农村经济，2012（6）：20–30.

[57] 林丹，廖萍萍. 征地补偿与城乡协调发展——基于马克思地租理论的征地补偿分析 [J]. 重庆文理学院学报（社会科学版），2009（2）：29–33.

[58] 林依标. 关于土地使用权作价入股若干问题的探讨 [J]. 中国土地科学，1999（5）：23–26.

[59] 林超，谭峻. 农村宅基地制度改革研究——基于宅基地功能演变分析的视角 [J]. 经济体制改革，2013（5）：69–72.

[60] 卢海元. 土地换保障：妥善安置失地农户的基本设想 [J]. 中国农村观察，2003（6）：48–54.

[61] 廖鑫彬. 土地征收的公平市场价值补偿——一种基于土地增值税框架的征地补偿模式 [J]. 农村经济，2013（7）：47–51.

[62] 孟勤国. 物权法开禁农村宅基地交易之辩 [J]. 法学评论，2005（4）：25–30. 2013（4）：12–13.

[63] 毛志红，杨磊. 2012 耕地保护亮点纷呈 [EB/OL].（2013–01–15）[2017-05-20]. http：// www.mlr.gov.cn/xwdt/jrxw/201301/t20130118_1176508.htm.

[64] 马贤磊，孙晓中. 不同经济发展水平下农户集中居住后的福利变化研究——基于江苏省高淳县和盱眙县的比较分析 [J]. 南京农业大学学报（社会科学版），2012（2）：8–15.

[65] 马家峰. 浅谈农村土地流转过程中的农户社会保障问题 [J]. 改革与开放，2009（9）：109.

[66] 梅付春.失地农户合理利益完全补偿问题探析 [J].农业经济问题,2007
（3）：82–85.

[67] 梅林.浅析集体土地征用补偿标准的未来性——兼论集体土地征用补偿新
方式 [J].法制与经济,2006（8）：16–17.

[68] 牟杰,杨诚虎.公共政策评估：理论与方法 [M].北京：中国社会科学出
版社,2006.

[69] 聂鑫,汪晗,张安录.基于公平思想的失地农户福利补偿——以江汉平原
4 城市为例 [J].中国土地科学,2010（6）：62–67.

[70] 宁骚.公共政策学 [M].北京：高等教育出版社,2003.

[71] 朴贞子,金炯烈.政策形成论 [M].济南：山东人民出版社,2005.

[72] 沈开举,胡光全.美国行政征用补偿市场价值计算方法解读 [J].行政法学
研究,2007（3）：120–130.

[73] 秦海荣.土地使用权出让金入股与土地使用权作价入股的区别 [J].中国土
地科学,1996（1）：6–8.

[74] 沈迎春.一次性货币补偿改革势在必行 [J].今日海南,2013（9）：43.

[75] 苏明达,吴佩瑛.愿意支付价值最佳效率指针之建构与验证 [J].农业经济
丛刊,2004,9（2）：27–60.

[76] 唐朝光,蒋文能.基于市场价格的集体土地征收补偿研究 [J].学术论坛,
2012（10）：128–133.

[77] 王雨濛,张安录,黄宗煌.土地用途管制背景下的农地补偿多目标政策结
构分析 [J].农业技术经济,2009（4）：62–69.

[78] 王华华,王尚银.土地征收政策社会公正化：由“保障”到“保护”[J].
福建行政学院学报,2012（2）：12–17.

[79] 王华华，王尚银．论土地征收政策取向：从"社会补偿"到"社会赔偿"[J]．四川行政学院学报，2012（2）：25–28．

[80] 王小映．土地征收公正补偿与市场开放 [J]．中国农村观察，2007（5）：22–31．

[81] 王伟，马超．基于可行能力理论的失地农户福利水平研究——以江苏省宜兴市和太仓市为例 [J]．农业技术经济，2013（6）：20–31．

[82] 王振波，方创琳，王婧．城乡建设用地增减挂钩政策观察与思考 [J]．中国人口·资源与环境，2012（1）：96–102．

[83] 吴义茂．土地承包经营权入股与农户专业合作社的法律兼容性 [J]．中国土地科学，2011（7）：31–36．

[84] 吴杰，何多兴，尚勇敏，等．基于幸福指数视角反思失地农户安置补偿问题的研究——以重庆市北碚区学堂堡安置点为例 [J]．中国农学通报，2013（2）：86–90．

[85] 威廉·N.邓恩．公共政策分析导论 [M]．谢明，译．北京：中国人民大学出版社．2005．

[86] 伍启元．公共政策 [M]．香港：商务印书馆，1989．

[87] 徐烽烽，李放，唐焱．苏南农户土地承包经营权置换城镇社会保障前后福利变化的模糊评价——基于森的可行能力视角 [J]．中国农村经济，2010（8）：67–79．

[88] 徐瑞祥，周炳中．宅基地置换工程的效益内涵及其量度 [J]．建筑管理现代化，2007（1）：14–17．

[89] 徐祖林，左平良．自由市场及对自由市场限制的法哲学分析——从农村房屋及宅基地使用权流转问题说起 [J]．湖南社会科学，2006（5）：79–82．

[90] 许恒周.基于农户受偿意愿的宅基地退出补偿及影响因素分析——以山东省临清市为例 [J].中国土地科学,2012(10):75-81.

[91] 徐志明.农村集体建设用地流转中的市场与政府——苏州市宅基地换房模式分析 [J].学海,2011(6):53-56.

[92] 宣徐军.海盐县宅基地置换的研究 [J].嘉兴学院学报,2010(S1):138-141.

[93] 奚恺元.别做正常的傻瓜 [M].北京:机械工业出版社,2007.

[94] 信欣,牛宏艳.试析"宅基地置换"的变与不变 [J].天津经济,2009(6):29-31.

[95] 袁方,蔡银莺.城市近郊被征地农户的福利变化测度——以武汉市江夏区五里界镇为实证 [J].资源科学,2012(3):449-458.

[96] 尹奇,马璐璐,王庆日.基于森的功能和能力福利理论的失地农户福利水平评价 [J].中国土地科学,2010(7):41-46.

[97] 苑韶峰,杨丽霞,王庆日.慈溪市四镇农地转用过程中农户福利变化的定量测度 [J].中国土地科学,2012(10):82-90.

[98] 云梅,骆云中.失地农户补偿中情感资本补偿的缺失 [J].中国农学通报,2010(2):320-324.

[99] 闫岩,李放,唐焱.土地承包经营权置换城镇社会保障模式的比较研究 [J].经济体制改革,2010(6):83-87.

[100] 杨小川,胡传景.依据宅基地面积定补偿按照家庭人口分安置房——来自新沂市万顷良田建设零过渡期和谐搬迁经验 [J].广东土地科学,2012(1):45-48.

[101] 杨成林.天津市"宅基地换房示范小城镇"建设模式的有效性和可行性 [J].中国土地科学，2013（2）：33–38.

[102] 杨建军，阮丽芬.农村宅基地置换模式比较与分析——以上海佘山镇、天津华明镇、重庆九龙坡区为例 [J].华中建筑，2011（2）：112–115.

[103] 杨爱婷，宋德勇.中国社会福利水平的测度及对低福利增长的分析——基于功能与能力的视角 [J].数量经济技术经济研究，2012（11）：3–17.

[104] 杨宏山.公共政策的价值目标与公正原则 [J].中国行政管理，2004（8）：87–90.

[105] 杨伟民.论个人福利与国家和社会的责任 [J].社会学研究，2008（1）：120–142.

[106] 姚从容.失地农户的征地补偿与就业安置及社会福利政策趋向 [J].贵州社会科学，2008（9）：91–93.

[107] 姚明霞.福利经济学 [M].北京：经济日报出版社，2005.

[108] 於忠祥，李学明，朱林.论农地征用的经济补偿与失地农户的安置 [J].农业经济问题，2004（12）：55–58.

[109] 焉香玲.基于马克思地租理论的我国农户收益分配问题研究 [J].经济纵横，2010（7）：13–16.

[110] 章波，唐健，黄贤金，等.经济发达地区农村宅基地流转问题研究——以北京市郊区为例 [J].中国土地科学，2006（1）：34–38.

[111] 周婧，杨庆媛，张蔚，等.贫困山区不同类型农户对宅基地流转的认知与响应——基于重庆市云阳县 568 户农户调查 [J].中国土地科学，2010（9）：11–17.

[112] 诸培新，曲福田，孙卫东 . 农村宅基地使用权流转的公平与效率分析 [J] . 中国土地科学，2009（5）：26–29.

[113] 诸培新，卜婷婷，吴正廷 . 基于耕地综合价值的土地征收补偿标准研究 [J] . 中国人口 · 资源与环境，2011（9）：32–37.

[114] 张秀智，丁锐 . 经济欠发达与偏远农村地区宅基地退出机制分析：案例研究 [J] . 中国农村观察，2009（6）：23–30.

[115] 左静 . 我国现行征地补偿与市场地价的差距 [J] . 农业经济，2007（9）：32–33.

[116] 赵俊臣 . 天津宅基地换城镇房的重大意义 [J] . 理论前沿，2009（15）：35–37.

[117] 周其仁 ."政府主导的中国城镇化"呼之欲出 [J] . 农村工作通讯，2013（2）：30.

[118] 张正峰，杨红，吴沅箐，等 . 上海两类农村居民点置换模式的比较 [J] . 中国人口 · 资源与环境，2012（12）：89–93.

[119] 张良悦 . 土地发展权框架下失地农户的补偿 [J] . 东南学术，2007（6）:4–9.

[120] 张占录，张远索 . 基于现状调查的城市郊区农村居民点整理模式 [J] . 地理研究，2010（5）：891–898.

[121] 郑财贵，朱玉碧 . 失地农户几种主要补偿安置方式的比较分析 [J] . 中国农学通报，2006（7）：607–611.

[122] 张娴 . 上海郊区宅基地置换试点模式及案例研究 [J] . 城市规划，2010（5）：59–65.

[123] 张祎娴，王仲谷 . 上海郊区宅基地置换试点运作模式研究 [J] . 苏州科技学院学报（工程技术版），2008（4）：56–61.

[124] 张春雨.基于公民权利理念的农户社会保障及"土地换社保"问题分析 [J].兰州学刊，2009（5）：93–96.

[125] 张笑寒.农户土地入股决策行为及其区域差异——基于江苏省的农户调查 [J].中国土地科学，2008（4）：67–72.

[126] 张孝德.中国的城市化不能以终结乡村文明为代价 [J].行政管理改革，2012（9）：9–14.

[127] 张怡然，邱道持，李艳，等.农户工进城落户与宅基地退出影响因素分析——基于重庆市开县357份农户工的调查问卷 [J].中国软科学，2011（2）：62–68.

[128] 朱林兴.农村宅基地置换的若干问题 [J].上海市经济管理干部学院学报，2006，4（2）：1–6.

[129] 詹姆斯·E.安德森.公共决策 [M].唐亮，译.北京：华夏出版社，1990.

[130] 赵军.生态系统服务的条件价值评估：理论、方法与应用 [D].上海：华东师范大学，2005.

[131] 郑风田.逆城市化在中国不会成主流 [N].环球时报，2013–09–27.

[132] 周钧.苏州高新区征地补偿安置政策绩效评价 [J].中国土地科学，2008，9（9）：33–37.

[133] 朱启臻，芦晓春.论村落存在的价值 [J].南京农业大学学报（社会科学版），2011（1）.

[134] 钟涨宝，徐小霞.以土地为依托构建失地农户社会保障体系 [J].农村经济，2006（1）：71–73.

[135] 紫歆.苏州城乡一体要攻坚突破 [N].苏州日报，2006–10–25.

2. 英文文献

[1] Amartya Kumar Sen. Choice, welfare and measurement[M]. Cambridge : Harvard University Press, 1997.

[2] Amartya Sen, Geoffrey Hawthorn. The standard of living[M]. Cambridge : Cambridge University Press, 1998.

[3] Amartya Sen. What do we want from a theory of justice?[J]. The Journal of Philosophy, 2006 : 215–238.

[4] Amartya Sen. Health : perception versus observation : Self reported morbidity has severe limitations and can be extremely misleading[J]. BMJ : British Medical Journal, 2002, 324（7342）: 860.

[5] Amartya Sen. Freedom, capabilities and public action : a response[J]. Notizie di Politeia, 1996（12）: 1–8.

[6] Amartya Sen. Capability and well-being[M]. Oxford : Clarendon Press.

[7] Amartya Sen. Gender and cooperative conflicts[M]. Helsinki : World Institute for Development Economics Research, 1987.

[8] Andrea Brandolini. On synthetic indices of multidimensional well-being : Health and income inequalities in France, Germany, Italy and the United Kingdom[R]. Italy : Child–Centre for Household, Income, Labour and Demographic Economics, 2007 : 4–7.

[9] Andrea Cerioli, Sergio Zani. A fuzzy approach to the measurement of poverty[M]. Berlin : Springer, 1990.

[10] Bruno Cheli, Achille Lemmi. A "Totally" fuzzy and relative approach to the multidimensional analysis of poverty[J]. Economic Notes Siena, 1995 : 115–134.

[11] Caterina Ruggeri laderchi. Do concepts matter? An empirical investigation of the differences between a capability and a monetary assessment of poverty[J]. The Capability approach : Concepts, Measures and Application, 2008 : 203–241.

[12] Chung-Ho Kim, Kyung-Hwan Kim. Compensation for regulatory takings in the virtual absence of constitutional provision : The case of korea[J]. Journal of Housing Economics, 2002, 11（2）: 108–124.

[13] David Miceli. Measuring poverty using fuzzy sets[M]. Natsem : University of Canberra, 1998.

[14] Edward S. Quade, Grace M. Carter. Analysis for public decisions[M]. New Jersey : Prentice Hall, 1989.

[15] Ed Nosal. The taking of land : market value compensation should be paid[J]. Journal of Public Economics, 2001, 82（3）: 431–443.

[16] Eija Soini. Land use change patterns and livelihood dynamics on the slopes of Mt. Kilimanjaro, Tanzania[J]. Agricultural Systems, 2005, 85（3）: 306–323.

[17] Enrica Chiappero Martinetti. A multidimensional assessment of well-being based on Sen's functioning approach[J]. Rivista Internazionale di Scienze sociali, 2000（10）: 207–239.

[18] Frederico Finan, Elisabeth Sadoulet, Alain De janvry. Measuring the poverty reduction potential of land in rural mexico[J]. Journal of Development Economics, 2005, 77（1）: 27–51.

[19] Frito Dolisca, Joshua M. Mcdaniel, Dennis A Shannon, et al. Modeling farm households for estimating the efficiency of policy instruments on sustainable land use in Haiti[J]. Land Use Policy, 2009, 26（1）: 130–138.

[20] Glenis Tabetha Mark, Antonia C. Lyons. Maori healers' views on well-being : The importance of mind, body, spirit, family and land[J]. Social Science & Medicine, 2010, 70（11）: 1756–1764.

[21] Glen Bramley, Gavin Smart. Rural incomes and housing affordability[J]. Rural Development Commission, Salisbury, 1995 : 37–40.

[22] Harold Hotelling. Stability in competition[M]. Berlin : Springer, 1990.

[23] Harold D Lasswell, Abraham Kaplan. Power and society : A framework for political inquiry[M]. Piscataway : Transaction Publishers, 2013.

[24] Ingrid Robeyns. Sen's capability approach and gender inequality : Selecting relevant capabilities[J]. Feminist Economics, 2003, 9（2–3）: 61–92.

[25] Ingrid Robeyns. The Capability Approach : A theoretical survey[J]. Journal of Human Development, 2005, 6（1）: 93–117.

[26] Jean Dreze, Amartya Kumar Sen. India : Development and participation[M]. Oxford University Press, 2002.

[27] Joseph S Wholey. Evaluation : Promise and performance[M]. Washington, DC : Urban Institute, 1979.

[28] John W Kingdon. The policy window, and joining the streams[J]. Agendas, Alternatives, and Public Policies, 1995 : 165–195.

[29] John S Chipman, James C Moore. The scope of consumer's surplus arguments[J]. Welfare and Time in Economies, 1976 : 69–123.

[30] Lewis G J, Sherwood K B. The local authority and local needs hous ing :
A case study from south northamptonshire [M]. Leicester : University of
Leicester, 1991 : 95–113.

[31] Lisa-Marie Rudi, Hossein Azadi, Frank Witlox, et al. Land rights as an
engine of growth? An analysis of Cambodian land grabs in the context of
development theory[J]. Land Use Policy, 2014（38）: 564–572.

[32] Lorrie A. Shepard. Evaluating with validity [M]. Michigan : Sage Publications,
1980.

[33] Maitreesh Ghatak, Dilip Mookherjee. Land acquisition for industrialization
and compensation of displaced farmers[J]. Journal of Development Economics,
2013（1）: 1–10.

[34] Mark Shucksmith. Housebuilding in Britain's countryside[M]. London :
Psychology Press, 1990.

[35] Martha Nussbaum. Capabilities as fundamental entitlements : Sen and social
justice[J]. Feminist Economics, 2003, 9（2–3）: 33–59.

[36] Maria Laura Di Tommaso. Measuring the well-being of children using a
capability approach : An application to Indian data[R]. Child Working
Paper 05/2006, Center for Household, Income, Labour and Demographic
Economics, 2006 : 46.

[37] Martha Nussbaum. Capabilities as fundamental entitlements : Sen and social
justice[J]. Feminist Economics, 2003, 9（2–3）: 33–59.

[38] Morris David Morris. The physical quality of life index（PQLI）. [J].
Development Digest, 1980, 18（1）: 95.

[39] Nguyen Quang Phuc, Acm Van Westen, Annelies Zoomers. Agricultural land for urban development : The process of land conversion in Central Vietnam[J]. Habitat International, 2014, 41 : 1–7.

[40] Nicholas Garnham. Amartya Sen's capabilities approach to the evaluation of welfare : Its application to communications[J]. Communication, Citizenship and Social Policy : Rethinking the Limits of the Welfare State, 1999 : 113–124.

[41] Oliver E Williamson. The new institutional economics : Taking stock, looking ahead. [J]. Journal of Economic Literature, 2000, 38（3）: 595.

[42] Oshrat Hochman, Nora Skopek. The impact of wealth on subjective well-being : A comparison of three welfare-state regimes[J]. Research in Social Stratification and Mobility, 2013, 34（1）: 127–141.

[43] Paul Chaney, Kenneth Sherwood. The resale of right to buy dwellings : A case study of migration and social change in rural England[J]. Journal of Rural Studies, 2000, 16（1）: 79–94.

[46] Richard C Bishop, Thomas A Heberlein. Measuring values of extramarket goods : Are indirect measures biased?[J]. American Journal of Agricultural Economics, 1979 : 926–930.

[45] Robert Erikson, Rune Aberg. Welfare in transition : A survey of living conditions in Sweden [M]. Oxford : Oxford University Press, 1987.

[46] Robert K Davis. Recreation planning as an economic problem[J]. Nat. Resources J. , 1963, 3 : 239.

[47] Robert S Kaplan, David P Norton. Having trouble with your strategy? Then map it [M]. Massachusetts : Harvard Business School Publishing Corporation, 2000.

[48]   Sara Lelli. Factor analysis vs. fuzzy sets theory : Assessing the influence of different techniques on Sen's functioning approach[M]. Leuven : Katholieke Universiteit Leuven, 2001.

[49]   Stein Holden, Bekele Shiferaw, John Pender. Non-farm income, household welfare, and sustainable land management in a less-favoured area in the Ethiopian highlands[J]. Food Policy, 2004, 29（4）: 369–392.

[50]   Stephen Klasen. Measuring poverty and deprivation in South Africa[J]. Review of Income and Wealth, 2000, 46（1）: 33–58.

[51]   Sudhir Anand, Amartya Sen. Human development and economic sustainability [J]. World Development, 2000, 28（12）: 2029–2049.

[52]   Tesfaye Teklu, Adugna Lemi. Factors affecting entry and intensity in informal rental land markets in Southern Ethiopian highlands[J]. Agricultural Economics, 2004, 30（2）: 117–128.

[53]   VE Cabrera, Peter E Hildebrand, JW Jones. Modelling the effect of household composition on the welfare of limited-resource farmers in Coastal Canete, Peru[J]. Agricultural Systems, 2005, 86（2）: 207–222.